はじめに

哲学で問題解決するとはどういうことか？

生まれ変わる企業、地域社会、学校

実は私もそのパイオニアの一人なのです。リクルートマネジメントソリューションズの研修講師として、すでにさまざまな企業の方々を対象に実践をさせていただいています。また、伊藤忠商事やＪＴといった大手企業から、全国の中小企業までたくさんの研修を請け負わせていただきました。特に神戸で鉄関連事業を営むシマブンコーポレーションでは、２年前から半年以上かけた中身の濃い研修を行っています。

しかもこうした研修の中から多くのイノベーションが生まれているだけではなく、何より一人ひとりの社員が哲学的に物事を考えるということができるようになってきているのです。従来とはビジネスが１８０度変わったといっても過言ではありません。いったいそこで何を行い、どんな化学反応が起こっているのか？　本書ではその中身について詳しく紹介していきたいと思います。

さらに、哲学で生まれ変わっているのは企業だけではありません。哲学で問題解決をするという試みは、いまや企業にとどまらず、自治体や地域社会をはじめさまざまな領域で取り入れられつつあります。私もまちづくりの一環として、地域課題を解決するお手伝いをさせていただいています。

こうした社会のニーズを受けて、教育現場でも大学や高校を中心に課題解決や探究といった授業が増えてきているので、私も当然そこにかかわっています。私が所属する山口大学国際総合科学部は、課題解決をプログラムの軸に据えた学部の草分けの一つですし、個人的にも多くの高校で短期から長期の探究授業を受け持ってきました。本書ではそこで得た知見についても紹介していきます。

その意味で、本書はビジネスエリートを目指す人はもちろんのこと、なぜ「がんばっているのにイマイチ」なのだろうと思っているすべての方に読んでいただきたいと思っています。そして結果を出せる人になっていただきたいと思います。それを可能にするのが哲学なのです。

ビジネスパーソン個人の悩み相談

哲学で問題解決という場合、以上のようなビジネスや地域における課題そのものを解決する営みに加えて、ビジネスパーソンや地域住民個人が抱えている問題を解決するというニーズも割とあります。

社会も問題を抱えていますが、当然個人も問題を抱えていますから。そういう個人の悩みを解決するといった分野については、ビジネス課題を哲学で解決するというよりもずっと前に、新たなムーブメントとして注目されていました。

私もそのムーブメントの担い手の一人だったのですが、たとえば私の出世作の一つが『人生が変わる哲学の教室』という本で、これは歴史上の哲学者が現代社会に現れて悩みを解決してくれるという内容でした。およそ10年前に出したものです。

それを受けて、ついにはテレビでもそうした企画をやるようになりました。私が3年間指南役を務めたNHK Eテレ「世界の哲学者に人生相談」です。地上波でやるということは、相当その事柄が世の中に広がっている証拠です。したがって、個人の問題を解決するのに哲学者の考え方が役に立つということは、もう一般に認められているといっていいでしょう。

ただ、ビジネス現場での悩みや仕事に絡む悩みに特化したものはあまりなかったので、この1、2年の間、私はビジネス誌の「週刊エコノミスト」で、毎週そうしたビジネスパーソンの抱える悩みに答えてきました。本書では、それもまた哲学で問題解決する一つの側面としてご紹介していきたいと思っています。

基本的には連載したものを再編して掲載しています。こちらはビジネス課題の解決とは違って、過去の哲学者たちの叡智を参考に個人の問題を考えるというスタンスですので、また一味違った構成になっています。一つひとつが完結した短い読み物になっていますので、気軽に読んでいただければと思います。皆さんにも当てはまる悩みがいくつもあるはずです。

さあ、それでは早速白熱講義を始めましょう！　私はビジネス哲学研修の初めにいつも皆さんにお願いするのですが、どうか5歳児の頭で臨んでいただければと思います。なぜなら、5歳児は一番頭が柔らかく、それと同時にすでに理性的に物事が考えられる最強の年齢だからです。皆さんも記憶があると思いますが、小学校に上がると決められたことをやらないといけないので、頭の柔らかさが損なわれていきます。ぜひ頭を柔らかくして読んでくださいね。

結果を出したい人は哲学を学びなさい ■ 目次

第2章 イノベーションが溢れ出す「ビジネス哲学研修」

第3章 「生きづらさ」は最高の教科書である

第4章 結果を出すための「お金の哲学」

第5章 「つながり」が分かればビジネスはうまくいく

装丁　萩原弦一郎（256）
図版　WADE
DTP　明昌堂
校正　ゼロメガ

第1章

問題解決ツールとしての哲学

そもそも哲学とは何か？

ビジネスに限らず、とにかく「哲学」と名の付く研修をする時には、まず誤解を解く必要があります。つまり、私のいう哲学が、参加者の思っている哲学と異なることをはっきりさせておく必要があるのです。

哲学とは何か？　もともと哲学は西洋から入って来たもので、英語でいうとフィロソフィーのことです。それが哲学と訳されているのです。では、フィロソフィーとは何かというと、これは哲学発祥の地、古代ギリシャの言葉で「知を愛する」という意味になります。

そこから、物事の本質を探究し続けることだというふうに説明されたりするのが一般的です。でも、この説明だと、物事の本質ということの意味がよく分からないので、結局哲学そのものもいったい何を求めるものなのかよく分からないということになってしまうのです。

そこで私は、「自分なりに行き着くところまで考え抜いて、それを言葉で表現すること」というふうに説明しています。「たったそれだけのこと？」と思われるかもしれませんが、私たちは日ごろたったそれだけのことさえやっていないのです。

そうやって考え抜いて、自分の言葉で物事を表現すると、それは世界を新たな言葉でとらえ直したことになり、いわば世界を意味づけし直したことになるのです。あるいは、自分にとってそれほど意味を持っていなかったことに新たな意味が生じることから、これを「世界の有意味化」と呼んでもいいでしょう。

どうでしょう？ ようやく哲学が特別な営みに思えてきましたか？ そうなんです。哲学は考えることですが、普通に考えることとは違うのです。いわば哲学は、既存のフレームを超えることでもあります。

普通の思考の場合、考える対象について、自分が持っているフレーム（枠組み）、分かりやすくいうと常識の中だけで考えようとしています。それは単なる情報の処理や、場合によっては反射にすぎないのです。

これに対して哲学するというのは、考える対象について、自分が持っているフレームを超えて考えることを意味します。具体的には、別の視点でとらえたり、俯瞰したりすることによって、自分の頭の中の箱から出るイメージです。これが世界だと思っているその世界の外にひょっこり頭を出してみるのです。

具体的には図のようなプロセスを踏むことになります。既存のフレームを超えるためには、ま

哲学のプロセス

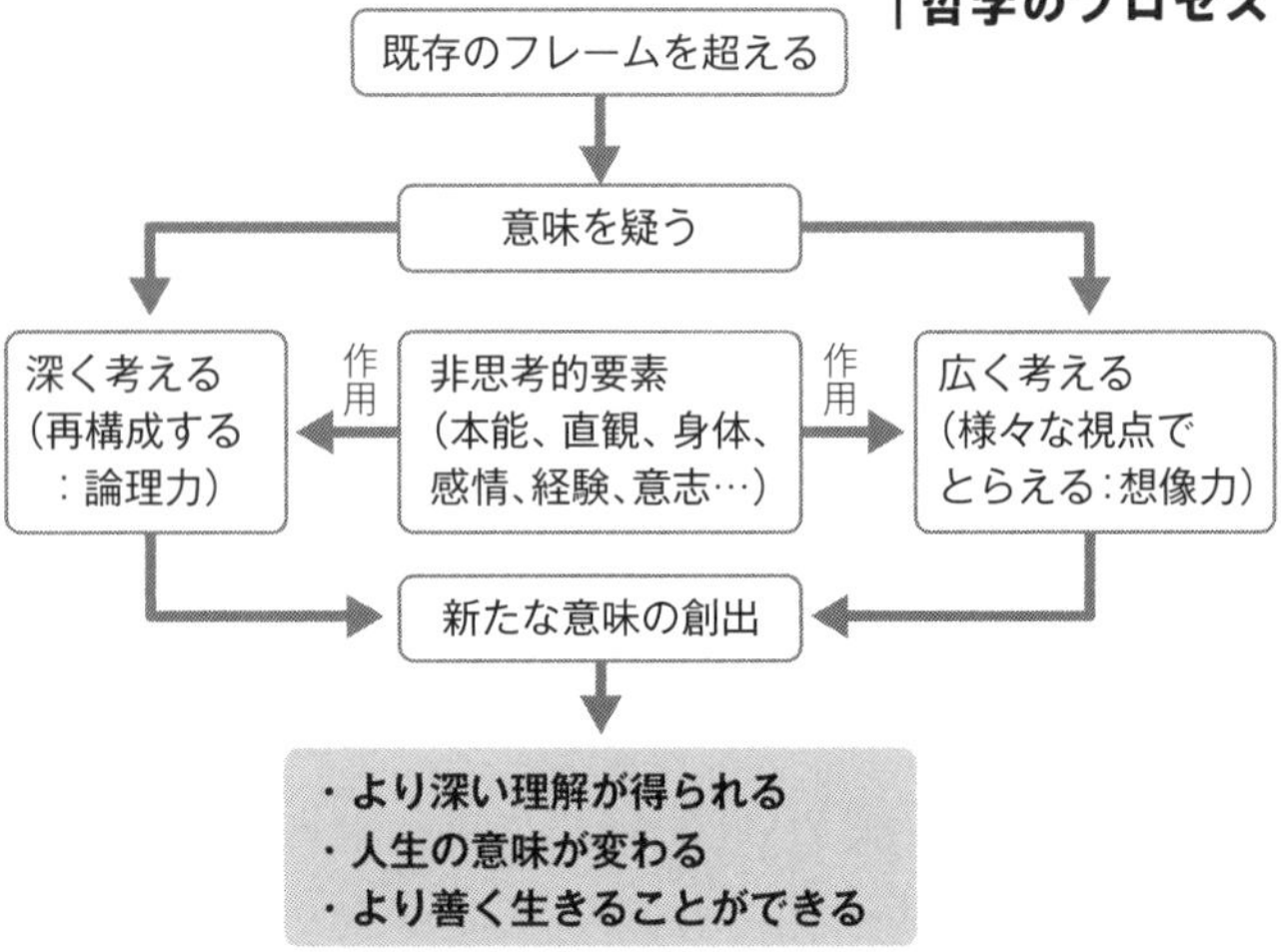

ず意味を疑う必要があります。そのうえで、多様な視点でとらえ直すのです。ここでは想像力がものをいいます。そうしていろいろな視点でとらえたあと、再構成していきます。ここでは論理力がものをいいます。その結果創出されるものが新しい意味なのです。

これによって物事のより深い理解が得られ、テーマによっては人生の意味さえ変わります。そして私たちはより善く生きることができるのです。これは哲学の父ソクラテスの言葉です。彼は哲学の目的はより善く生きることだと言いました。物事の本質が分かれば、失敗したり騙されたりすることがないだけでなく、正しい判断ができます。得することだってあるでしょう。つまり善く生きることができるのです。

注意していただきたいのは、この各々の過程において、人間の場合「非思考的要素」ともいうべきものがかかわってくる点です。つまり、どんな視点で見るか、どう再構成するかという時に、不可避的に本能や直観、身体、感情、経験、意志、欲望といったものが影響してくるのです。これらは人によって異なるので、哲学した結果として導き出される物事の本質も人によって変わってきます。

愛や自由の本質が人によって異なるのは意外かもしれませんが、実際そうなのです。だからアメリカでも自由の意義を巡って激しく対立していますよね。本質は人によって異なるけれど、あとはどれだけ他者から賛同を得られるかの問題なのです。

ちなみに、この非思考的要素は人間独自のものなので、そのおかげで哲学は人間にしかできない営みになっていると私は考えています。ＡＩには哲学できないのです。もしできるようになったら、それはもはやＡＩじゃなくて人間でしょ⁉

さて、私が行うビジネス哲学研修では、こうした意味での哲学思考を身に付けてもらうことを目的にしています。哲学的思考という一生使える強靭な思考力を身に付けるということです。そしてさらに、その哲学的思考を仕事に適用し、業務を根源から見直し、新しいやり方、新しいサービス、新しい価値を生み出すためのヒントを見つけてもらっています。

なぜ今哲学を知っておく必要があるのか？

ここまでのところで、哲学の意義は十分分かっていただけたかと思いますが、今なぜそうした思考が求められるのでしょうか？　それには主に４つの理由があると思います。

まず、①グローバル時代です。哲学が発展してきた欧米では、エリートは皆哲学を学んでいます。そうした人たちと競争していかなければならない日本人も、同じ武器を身に付けておいた方がいいにきまっています。ちなみに、２０２２年度からは、高校に新科目「公共」が導入されます。これは一部哲学を学ぶカリキュラムになっているので、ましてやそこから取り残された今の大学生やビジネスパーソンは、なんとかして哲学を身に付けておく必要があるといえるでしょう。

次に、②お手本のない時代です。日本は21世紀に入って以降、ずっと行き詰まっています。個人も国家もかつての成功モデルが崩れてしまい、いったい何が正解なのか分からなくなっているからです。そこでゼロから考える必要性に迫られています。哲学はまさにゼロから思考する営みなので、ニーズが高まっているのです。

さらに、③ＡＩ時代です。ＡＩが急速に発展し、かつ社会に実装されてくると、人間はもう創造的思考をしないと生き残れない状況になってきます。これからじっくりお話ししていきますが、実は哲学は極めて創造的な営みなのです。だから注目を集めているのだと思います。

最後に、④パンデミック時代です。新型コロナウイルスによるパンデミックによって、ニューノーマルをはじめ、私たちは常識の再定義を迫られています。哲学は物事を新たな視点でとらえ直す営みですから、当然その部分で役に立つのです。

哲学思考がビジネス向きなわけ

これで今哲学が求められているということはよく分かっていただけたと思います。ただそれだけでなく、まさに哲学こそが、ビジネス思考にぴったりだということをお話ししたいと思います。それは流行りの他のビジネス思考と比較するとよく分かります。

たとえば、ここ数年ビジネス思考の定番となったデザイン思考。今や書店にいけば数多くのデザイン思考の本が並んでいますが、ビジネス思考としてのデザイン思考は、もともとはデザイン会社ＩＤＥＯの創業者であるデヴィッド・ケリーがスタンフォード大学で応用し始めたのが最初とされます。

　私の勤務する山口大学国際総合科学部も、日本ではいち早くスタンフォード大学のd-schoolに倣い、デザイン思考を教育の核に据えて課題解決教育を開始した草分け的存在です。したがって、必然的に哲学が専門の私もそうしたデザイン思考ベースの教育にかかわらざるを得なくなりました。

　一言でいうと、そこで求められるのはユーザー主体のクリエイティブ・ソリューションです。行き詰まる経済の中で、イノベーションを生み出すには、そうしたクリエイティブな発想が必要だったのでしょう。

　しかし、ユーザー主体である限り、おのずと限界があります。デザイン思考を使っていると、もっと自由に発想したいのにと感じることがあるのではないでしょうか。そこで最近では発信側を主体にしたアート思考が台頭しつつあります。

　アーティストは自分がいいと思ったことを発信しますから。でも同時にそれが世の中に対する問いかけになっているのです。したがって、ビジネスにおいてはこれはクリエイティブ・クエスチョンを投げかけることになるのだと思います。

　そう考えると、哲学はこのどちらも要素として兼ね備えているのです。ソクラテスは変な問いを投げかけることで哲学を始めたわけですし、哲学で考えた結果は常識を超えたクリエイティブなものです。つまり、「クリエイティブ・クエスチョン＋クリエイティブ・ソリューション＝哲学思考」なわけです。

だから私は、哲学思考は今ビジネスが求める思考そのものだと思うのです。哲学思考を使えば、私たちが求めるイノベーションが自然に実現できるのです。ただ、そのためには哲学する態度を持ち続けなければなりません。それが私の唱える「ピカソシュタインになる」ということです。

ピカソシュタインになる

哲学のビジネス研修で最後にビジネス提案をしてもらうと、何人かの人に対して必ずといっていいほど上司の方々から出てくるコメントがあります。それは、「切り口は面白いのに、最後はいつもの感じの提案になっている」というものです。

これはピカソシュタインになりきれていないのが問題です。私は哲学研修を始める時、まずこのピカソシュタインになることの意義を強調するようにしています。いわばそれは、哲学をする

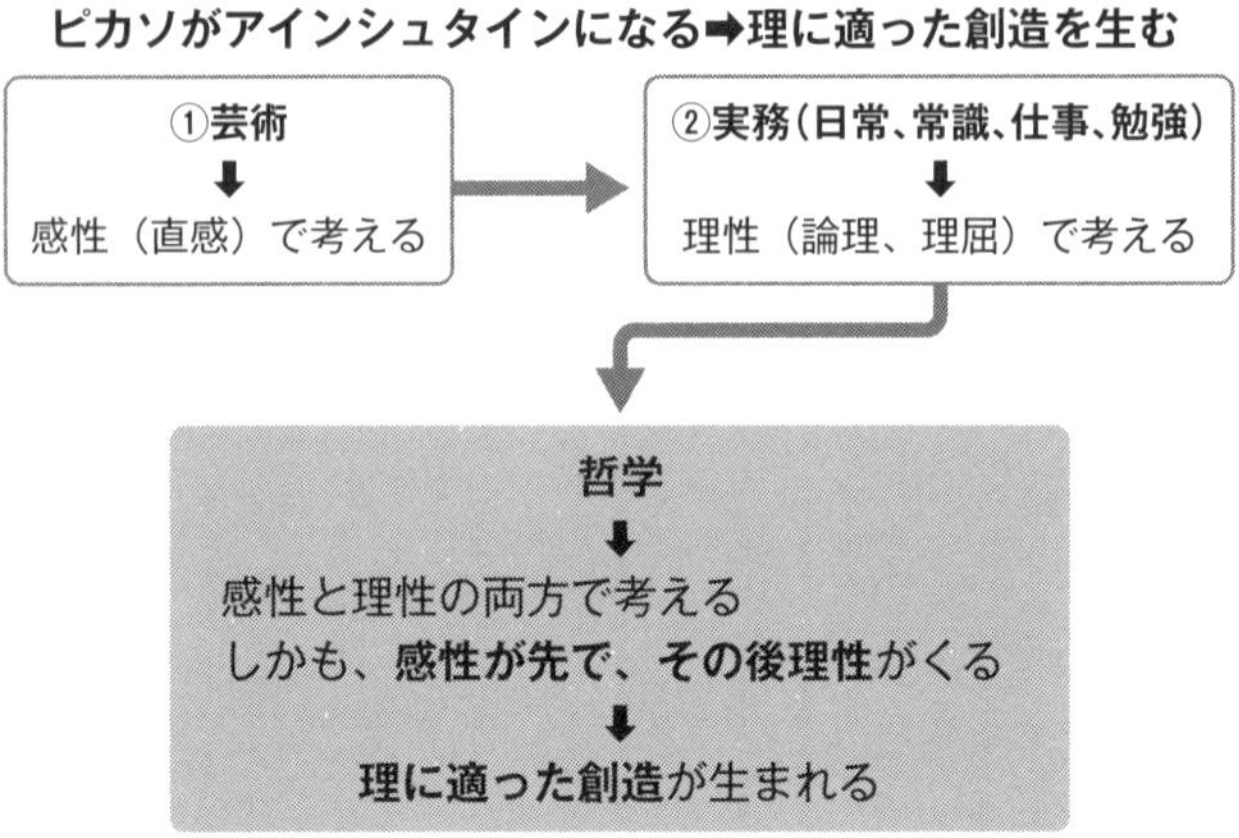
ピカソがアインシュタインになる➡理に適った創造を生む
①芸術
感性（直感）で考える
②実務（日常、常識、仕事、勉強）
理性（論理、理屈）で考える
哲学
感性と理性の両方で考える
しかも、感性が先で、その後理性がくる
理に適った創造が生まれる

ための心構えです。

哲学者は、論理的に物を考えるけれども、意外な発想というか変な発想もしますよね。それは、哲学者がピカソ＋アインシュタイン、つまりピカソシュタインだからなのです。哲学をする時には、入口の段階では芸術のように考える必要があります。感性や直感で考えるのです。ピカソのようにハチャメチャでいいと思います。でも、それで終わってしまっては、ただの芸術になってしまいます。

これに対して、仕事のような実務では、一般に理性や論理で物事を考えると思います。その極致がアインシュタインの理論物理学のような緻密な論理の世界です。哲学でもそうした緻密な論理が求められますが、それはあくまで後からなのです。

哲学がユニークなのは、入口は感性で入るのに、出口は理性できちんと着地させる点です。だから面白いのにちゃんと納得がいくのです。しかも、感性が先で、その後に理性がきます。あくまでピカソシュタインであって、アインシュカソではだめなのです。なぜなら、入口が論理的だと、そもそも面白くなるにも限界がありますから。

このピカソシュタインという心構えによって初めて、理に適った創造が生まれます。ビジネス哲学研修でもそのことは最初にかなり強調するのですが、どうしても上司の前でのビジネス提案ということになると、切り口は面白いのに、だんだんいつもの自分の思考に戻ってしまって、いつのまにかアインシュタインになってしまうのでしょう。面白い切り口のまま着地させるには、ピカソシュタインでい続けなければなりません。

この話を私のYouTubeチャンネルでした時、アドリブで新しい味噌汁を考えるというテーマを設定して、自分でピカソシュタインになってやってみました。動画を見てくださった方もいるかもしれませんが、こんな感じでした。

味噌、ドミソ？　ド味噌汁！　ここまではピカソ、いいですねー！

つまりどういうことか？　はい、こっからアインシュタインになります。

ん～なんでド味噌かというと、音楽でしょ？　ドミソは和音。そっか、ドとミとソで始まる素材の和音みたいになるといいですよね。えー、どくだみ、みかん？　みょうが、そば？　そら豆……。

どくだみと、みょうがと、そら豆の「ド味噌汁」！

ドシラーメン、シレそば、なんかこれいくらでもできそうだな……。

直感のむちゃぶりから、いかに理性で着地させることができるかがカギをにぎるんです。

ぜひ皆さんもピカソシュタインになってください。

MBAとの違い、頭de価値

こうしてビジネス哲学研修の特徴について話を進めていると、よくこんな質問が出てきます。それは、MBAやビジネスイノベーション研修のような、ビジネスプロパーの研修とどこが大きく違うのかという点です。

たしかに似ている部分はあります。でも、私にいわせると、そうした通常のビジネスの発想と

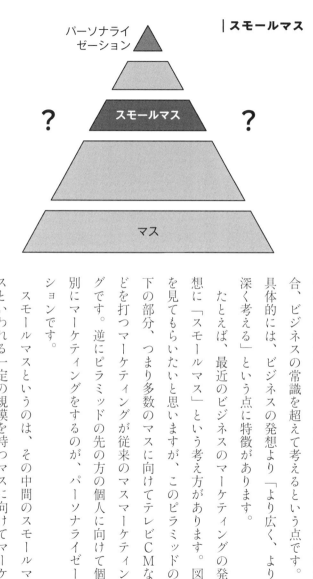

スモールマス

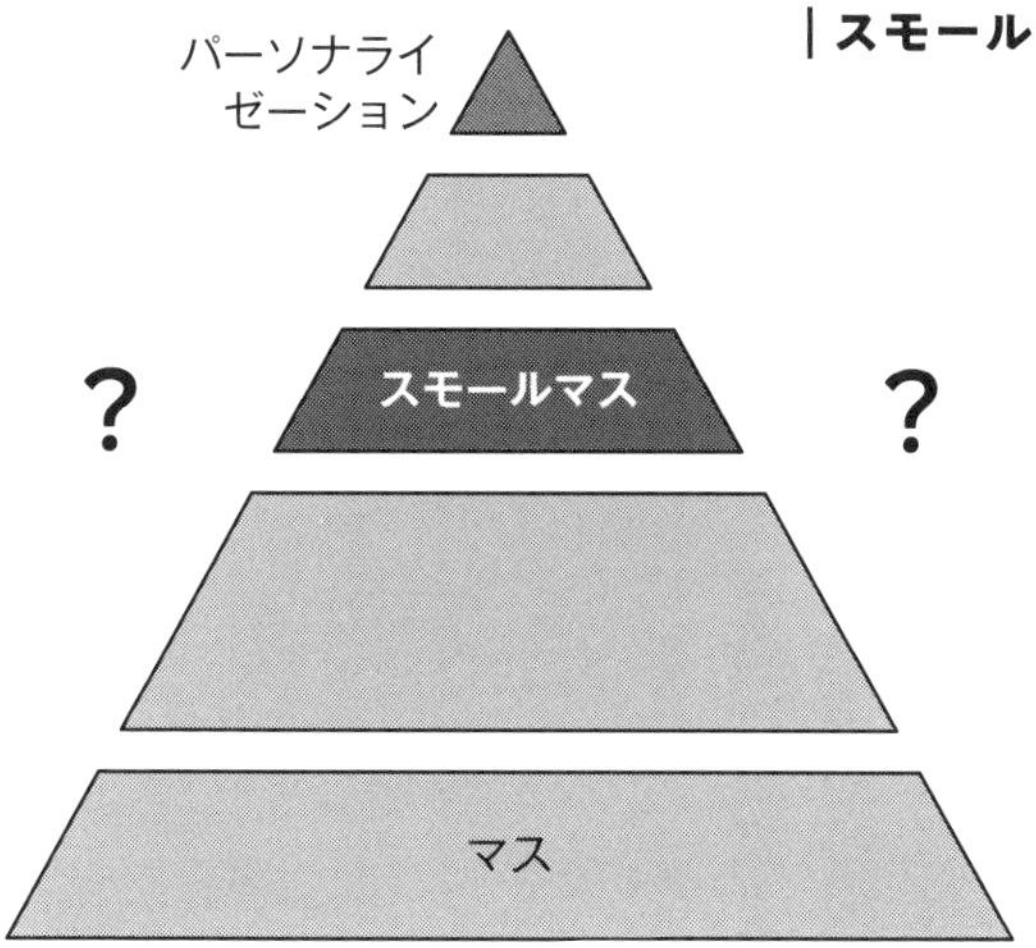

哲学とは根本的に異なるのです。それは、哲学の場合、ビジネスの常識を超えて考えるという点です。具体的には、ビジネスの発想より「より広く、より深く考える」という点に特徴があります。

たとえば、最近のビジネスのマーケティングの発想に「スモールマス」という考え方があります。図を見てもらいたいと思いますが、このピラミッドの下の部分、つまり多数のマスに向けてテレビCMなどを打つマーケティングが従来のマスマーケティングです。逆にピラミッドの先の方の個人に向けて個別にマーケティングをするのが、パーソナライゼーションです。

スモールマスというのは、その中間のスモールマスといわれる一定の規模を持つマスに向けてマーケティングをする手法で、SNSなどの発展によって可能になったものです。それが新しいということで、マーケティングの教科書などにも書いてあるのですが、哲学はそもそもこのピラミッドのどこに活路を見出そうかなどという発想はしません。

むしろ、ピラミッドの外側に何があるのか考えるのが哲学なのです。それは非マーケティングかもしれないし、個人やマスという次元を超えた発想かもしれません。いずれにしても、そこに何があり得るのかを考えるきっかけを作る点に特徴があるのです。

今次元を超えたという表現をしましたが、通常の次元を超える点に哲学の特徴があるという言い方もできると思います。次章で紹介しますが、私は視点を変えるための方法として異次元ポケットというツールを提案しているのですが、そこでは6つの異次元の視点を出すようにしています。なぜ6つかというと、ビジネスのツールにシックスハット法というものがあって、それに対抗しているのです。

シックスハット法では、異なる6人の性格の人から見たらどうとらえられるかということをやります。6人の異なる性格になる帽子をかぶるということで、シックスハットなのです。でも、私にいわせると、いずれにしても人間の性格なのでそう大差はありません。もっと次元の異なる視点からとらえ直さないと、本当に新しいものは見えてこないように思うのです。

哲学のフレームワークとビジネスのフレームワークの違い

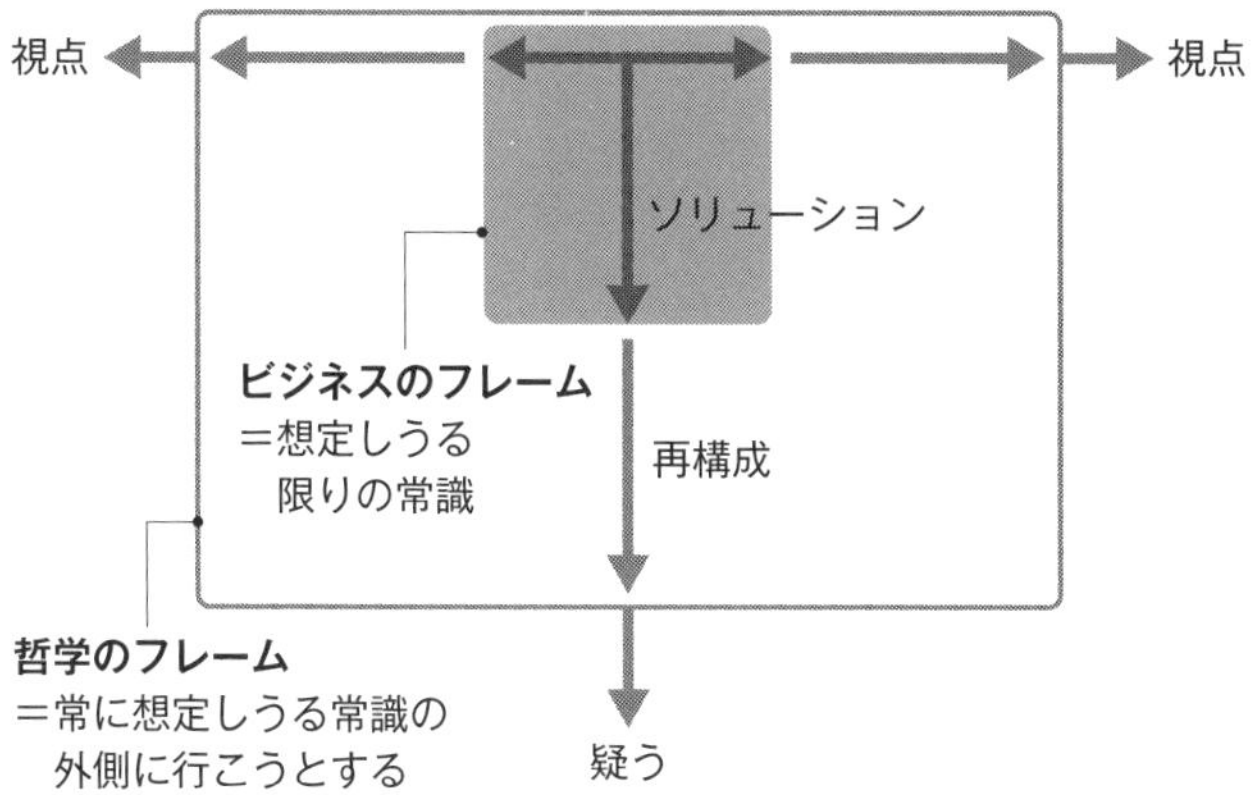

そもそも、次々と生み出されるビジネスのツールをいくら頭の中に知識として入れても、それは単に頭でっかちになるだけだと思います。それよりも大事なことは、２千数百年の間変わることのない哲学の思考法を身に付けることではないでしょうか。そうすれば、ツールの数は少なくとも、それを使って頭の中でいくらでも価値を生み出すことができると思うのです。頭でっかちより、「頭de価値」になった方がいいのです。

そのためには、より広い視点で物事をとらえ、より深く考えることが必要です。横にも縦にも、常に外へ外へを視覚化して意識することが大事なのです。

哲学的思考の大前提は、常に「今の自分」を疑う態度、クセです。まだ自分は常識にとらわれてるんじゃないかと……。

哲学センスを磨くためのトレーニング

哲学的思考ができるようになるためには、やはりトレーニングが必要です。そこで私も研修の中でいくつかのトレーニングを毎回ウォーミングアップを兼ねてやっています。少し紹介していきましょう。

（1）哲学的センスを鍛えるトレーニングその1

哲学にとって質問はとても大事な営みです。問うことで疑問を持ち、物事の本質を探り当てることができるからです。とりわけ変な質問をする必要があります。私はこれをクリエイティブ・クエスチョンと呼んでいます。

当たり前の質問をしても、当たり前の答えしか返ってきませんよね。それでは本質は見えてこないのです。本質を知りたいなら、可能な限り視点を変えて、見えない物を見る努力をする必要があります。

たとえば「1＋1」という現象の本質を知りたいなら、「1＋1は？」と聞くだけではだめなのです。それでは「2」という計算の答えしか返ってきません。そうではなくて、「1＋1は幸せですか？」とか「1＋1は地球を救いますか？」などといった、変な質問をしなければならないのです。

1＋1は地球を救うか？　まぁ地球で反目し合っている二つの勢力が手を組めば、地球を救うでしょうね。つまり、1＋1というのは、相反する二つの力が一つになって調和をもたらすという側面を有しているということが分かります。

こうやって偉そうに言っていたら、ある高校での講演で、「1＋1は武道館を埋められますか？」と逆に質問されてしまいました。そこで私もプライドをかけて必死に考え、こう答えました。「普通にやってたら武道館を埋めるのは困難で、それが1だとしたら、もう一工夫いるということだと思う。そのもう一工夫がプラス1なんじゃないかな。だから1＋1なら武道館は埋められるはず」と。つまり1＋1には、当たり前の発想にもう一工夫加えるという側面もあるのではないかということです。会場からは拍手が起きました。

こんなふうに、変な質問をして、それについて必死に考えることで、今まで見えてなかった本質が見えてくるというわけです。コツは答えを一切想定しないことです。でないと予定調和的になってしまいますから。このトレーニングは確実に、問うセンス、つまり哲学するセンスを鍛えることができます。

（2）哲学的センスを鍛えるトレーニングその2

今、問いを鍛えるということをお話ししましたが、今度は答えの方を鍛えるトレーニングについてです。私がお勧めするのは、即座に本質を言うことで、脳に回路を作るというものです。私はこれを「本質千本ノック」と呼んでいます。どんどんお題を投げかけることで、本質を答えてもらうものだからです。

本来はじっくり考えて答えを出すわけですが、あえてすぐに答える練習をすることでセンスをアップするのです。大喜利の練習をするお笑い芸人と同じです。お笑い芸人はムチャぶりをされて、すぐに面白いことが言えますが、あれは日ごろ練習しているからです。哲学では別に面白いことを言う必要はありませんが、それでもみんなが納得する物事の本質を言い当てなければなりません。いわばクリエイティブ・ソリューションを生み出す練習です。

私が大学でこのトレーニングをした時、学生がとっさに答えたものをいくつか紹介しましょう。

山とは命の隆起、スマホとは脳みそ泥棒、お茶漬けとは食前の消化、友情とは寂しさの解消契約。思わず本音が出たのか、これを言った学生の周囲はみんなひいてました。たしかに納得ですが……。

(3) なぜ言葉のセンスを磨くべきなのか

もうお気づきと思いますが、哲学は言葉の営みです。ですから、言葉のセンスを磨くことが、哲学的センスを磨くことにつながってきます。ここで言葉の意義について少しお話ししておきたいと思います。なぜなら、結局哲学は言葉遊びにすぎず、テクノロジーがかかわるイノベーションにはあんまり関係がないんじゃないかと思われることがあるからです。

しかし、少し考えてみれば分かるように、人間は言葉を用いないと思考できません。したがって、思考がカタチになったものが現実なのです。あらゆる現実、つまりモノ、技術、サービスなどは言葉が元になっています。スマートフォンのような複雑高度なテクノロジーでさえ、最初はこういうものを作りたいという言葉から始まっているのです。そう、聖書の告げる通りです。初めに言葉ありき。

したがって、創造的な言葉はそのまま創造的なモノ、技術、サービスになるのです。だから私は、言葉のセンスを磨くことを重視しているのです。言葉に敏感になると概念を作れる。そして現実を変えられるのです。

そのためには、①言葉にこだわる習慣を身につける、②常に思考を言語化し、厳密な言葉で表現しようとする、③オリジナルな言葉をつくるようにするといったトレーニングも、日ごろから意識してやっておくといいでしょう。

哲学の面白さ

本章の最後に、私がいつも研修でお話しする哲学の面白さについてまとめておきたいと思います。これまでの哲学の特徴を小括するためにも、また何よりこれから具体的なワークに取り組むためのモチベーションを上げるためにも、この話をしておくのが有効だと思うからです。

まず哲学には、誰も考えつかないような問いを立て、考える面白さがあります。これはノーベル賞級の発見の基礎にもなっています。ノーベル賞受賞の記者会見を見ていると、つくづくそう思います。彼らは誰も考えつかないような問いを立て、それを追求し続けてきたからすごい発見をしたのです。つまり、哲学をしてきたわけです。

また、哲学にはなんでも扱える（対象にできる）面白さがあります。だから誰でも、どんな業種の人でも哲学ビジネス研修を受けることができるのです。私がたくさんの本を出せているのもその証拠です。これまでも常に社会現象と哲学を結び付けてきました。たとえば最近でも、働き方改革が問題になれば働くための哲学の本を出し、人生１００年時代が話題になればそれと哲学を結び付けてきました。

考えてみれば、哲学はもともと古代ギリシャの時代には万学の母だったわけですから、当たり前なのかもしれません。ぜひ皆さんも自分の仕事と哲学を結び付けてみてください。

さらに哲学には、頭さえあればいつでもどこでもできる面白さがあります。特別に時間をとる必要はないのです。通勤の時間でも、お風呂に入っている時間にも、哲学はできます。忙しいならそれで十分でしょう。やらないよりましです。哲学は頭さえあればできます。今時Wi-Fiがなくてもできるのは哲学くらいじゃないでしょうか。

哲学が生み出す結果の面白さについても触れておきましょう。それは、世界の意味を自分でつくれるという面白さです。世界を新たな言葉でとらえ直すということは、この世の物事に意味を付与するという神様のような営みです。自分が物事に意味を与えるというのは、ちょっとした全能感を味わえます。あたかも世界の一部を自分がつくり上げたような感覚です。

私は常にそれを仕事としているわけですが、たとえばロングセラーになっている私の著書の一つに『ジブリアニメで哲学する』という作品があります。これはジブリアニメに出てくるキーワードを、作品の文脈の中でとらえ直していったものです。

「となりのトトロ」ではバスが重要な役割を果たします。通常私たちはバスとは大勢の人を運べる大型の乗り物だと思っています。でも、この映画の中では、バスは待つものとして描かれています。トトロとサツキが並んでバスを待つシーンは物語の重要な場面です。いつまでたってもバスは来ない。来るはずなのに。

そう、バスはなんでも予測できる現代社会において、まだ不確実なものがあることを感じさせてくれるほとんど唯一の存在なのです。といった感じで新たな意味を付与していったのです。するとそれが人々の共感を呼び、みんなその通りといってこの本を支持してくださったのだと思います。

こうしてもし私が次々と物事の意味を変えていき、みんながそうだそうだと賛同してくれたとしたらどうなるでしょうか？　もしかすると、私は世界の土台をも転換しうる可能性があるのです。

そう言うと大げさに思われるかもしれません。でも、哲学が世界の土台を転換した例はいくつもあるのです。フランスの哲学者ルソーは、絶対王政はおかしいと言って人民が自分たちで世の中を統治するための社会契約説を唱えました。人々がそれに賛同したから、その後フランス革命が起こったわけです。あるいは、ドイツの哲学者マルクスは、産業革命によって広がる不平等をおかしいと感じ、社会主義を唱えました。人々がそれに賛同したから、一時期は地球の半分が社会主義国家になりました。

こんなふうに哲学は本当に世界の土台をも転換するポテンシャルを持っているわけです。だから哲学を使えば、誰もがゲームチェンジャーになれるといっても過言ではありません。私自身もそうです。

NHKが初の哲学のレギュラー番組をやるという時に、わざわざ田舎の大学教授に声をかけてくれたのはなぜか？

雑誌で哲学の特集をするとなると必ず声をかけてもらえるのはなぜか？

リクルートマネジメントソリューションズが初めて哲学ビジネス研修をやるという時に私に声をかけてくれたのはなぜか？

それは私自身が一般の人に哲学を伝えるという分野において、ゲームチェンジャーになったからにほかなりません。

ですから、皆さんもご自分の分野で、職場で、ゲームチェンジャーになることは十分可能です。哲学思考を身に付けさえすれば。そのための具体的トレーニングの方法について、いよいよ次章でお話ししていきたいと思います。

第2章

イノベーションが溢れ出す「ビジネス哲学研修」

ビジネス哲学研修の概要

私のビジネス哲学研修は主に4つのパートで構成されています。これは1回3時間ほどでやる場合も、数回に分けてやる場合も同じです。数回に分けてやる場合は、当然一つひとつのパートをじっくり時間をかけてやることになります。また、その場合は毎回後半にビジネス提案に取り組んでもらい、最終回に上司などの前でそのプレゼンも行ってもらいます。

まず1つ目のパートは、哲学思考の基礎を学んでいただくものです。例えば、クリエイティブな質問をする練習や、クリエイティブなソリューションを出すための基礎トレーニングをします。第1章でお話しした変な質問をする練習や、大喜利のように直感的に物事の本質を言語化する訓練などです。そして何より、この最初の段階で、私のいう「ピカソシュタイン」になることの重要性を理解してもらいます。

2つ目のパートは、疑う練習です。まず常識や既存のやり方を疑わないことには、新しいものは生み出せません。そこで、哲学的に疑うための練習をしてもらっています。3つ目のパートは、多様な視点で見る練習です。疑った後、そのテーマを多様な視点で見直す必要があります。4つ目のパートは、再構成する練習です。その多様な視点でとらえ直したものを踏まえて、テーマになっている事柄を再構成します。

以上のプロセスを通して、常識をまったく新たな言葉で表現して初めて、イノベーションが生まれるのだと思います。1つ目のパートについては、すでに第1章で内容を紹介しましたので、本章では「疑う」、「多様な視点で見る」、「再構成する」という哲学の3つのプロセスを活用してイノベーションを生み出すための具体的方法についてお話ししていきたいと思います。それぞれのプロセスにおいて二つずつ、哲学のフレームワークを使った手法を紹介していきます。

哲学的に「疑う」ための手法

まずはウォーミングアップということで、「ソクラテスの産婆術」を使った手法を実践してもらいます。これは問答法だとか、反駁的対話と呼ばれることもあります。いわば、相手の言うことを単に否定するのではなく、既存の考えを揺るがす問いを投げかけるというものです。それによって、相手に自分で「正しさの吟味」をしてもらうのです。

私はこれを「ソクラテス式ツッコミ」と名付けました。普通のツッコミとは違って、相手を説得しようというのではなく、あくまで本人に納得してもらう点に重きを置いているからです。

例えば、「鉄は硬い」と決めつけている山田さんがいるとします。この人にいくら鉄は軟らかいと説得しても、余計に構えてしまいます。そこで、心の中のソクラテスに次のようにもう一つの自明の事実を突きつけさせることで、本人納得ずくで思い込みを疑ってもらうというわけです。

山田さん：「鉄は硬い」
心の中のソクラテス：「でも、高熱なら溶けるのですよね？」
山田さん：「たしかに。ということは、鉄は軟らかいともいえるのか・・・」

こうした例を説明した後で、私はいつも次のような演習をしてもらいます。

「皆さんの仕事のテーマに関して、常識とされていることをソクラテス式ツッコミで吟味してみてください」

①自分：「○○だと思う」
②心の中のソクラテス：「でも△△では？」
③自分：「たしかに。ということは××かも」

このウォーミングアップの後、「ウルマン＝マルガリートの合理的再構成」を応用して、いよいよ本格的に疑う練習をしてもらいます。いかめしい名称ですが、要はあらゆる現象について、それが生じうる他の状況を記述することができるということです。もっと分かりやすくいうと、エイリアンによる調査のことです。

エイリアンから見れば、私たちのやっていることはすべておかしなことです。だからいくらでもイチャモンをつけることが可能だと思うのです。それを自分でやってみようというわけです。

具体的には、常識と思われることを一文で表現し、「てにをは」を含めて一言一句疑ってイチャモンをつけていきます。そしてイチャモンをつけたその自分の言葉にさらにイチャモンをつけて、イチャモンを可視化していくのです。私はこれを「イチャモン・マップ」と名付けました。

キーワードから連想するものを描いていく「マインド・マップ」のイチャモン版です。箇条書きにするよりも、イチャモンが頭の中で広がっていくイメージをそのまま視覚化した方が、人間

イチャモンマップ

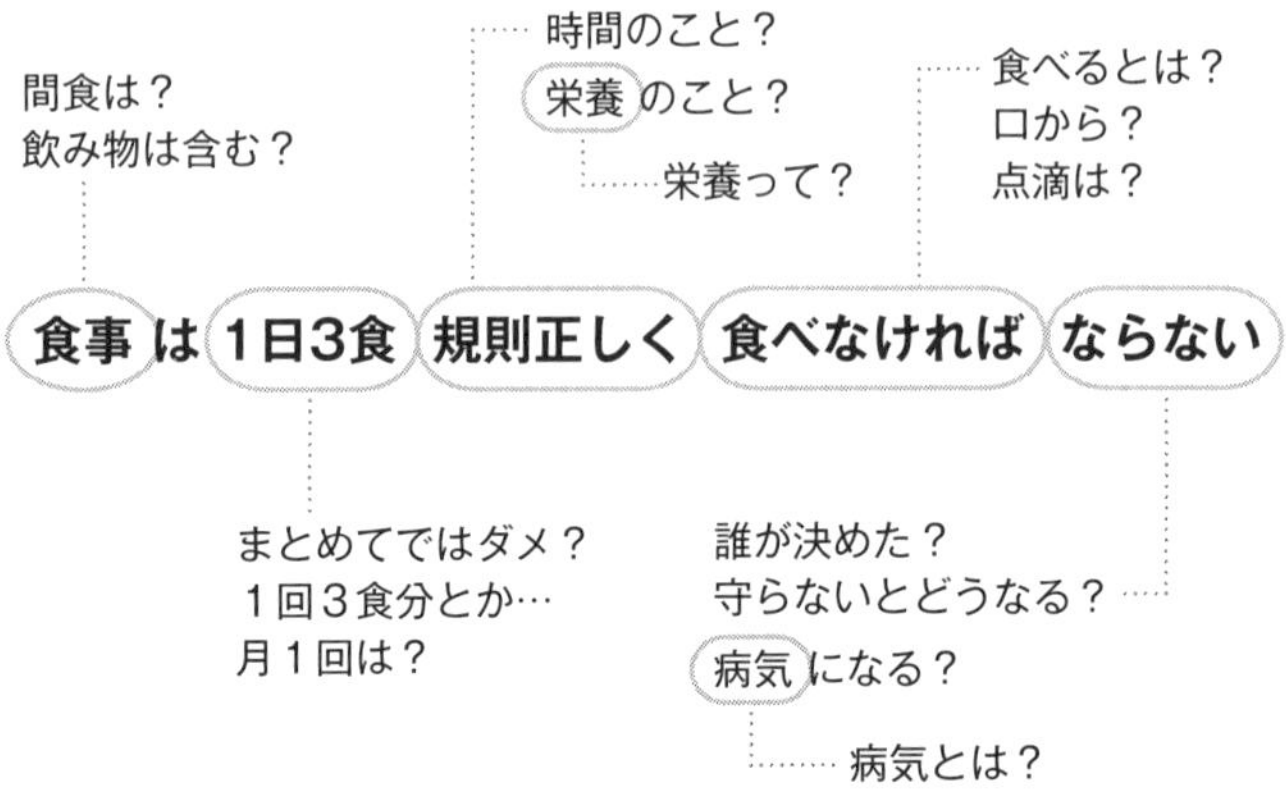
食事は1日3食規則正しく食べなければならない
間食は？
飲み物は含む？
時間のこと？
栄養のこと？
栄養って？
食べるとは？
口から？
点滴は？
まとめてではダメ？
1回3食分とか…
月1回は？
誰が決めた？
守らないとどうなる？
病気になる？
病気とは？

の思考としてよりリアリティがあるうえに漏れが少ないので、マップにしてもらっています。こうして現実や常識にイチャモンをつけることで、疑い深くなる癖をつけるのが目的です。

図で載せている例は、食品関係に携わる人たちがグループワークで作った「イチャモン・マップ」をベースに、私が説明用に簡略化して作り直したものです。このグループは「食事は1日3食規則正しく食べるべきである」という常識を徹底的に疑うことで、ここからトイレのいらない食事があればいいのにという発想を導き出していました。

たしかに、規則正しく食べるのは不要なものを摂らないようにするためであり、ということはそれが実現できればトイレがいらないということになります。これは介護時代、宇宙時代にニーズがある発想であるように思いました。こうしてイチャモンをつけるだけでも、イノベーションにつながっていくのです。

ここでの演習は、次のような感じになります。

「皆さんが仕事のうえで常識だと思っている文章を書いて、それにできるだけイチャモンをつけてください」

①まず、選んだテーマに関することで、常識とされていることを1文で表現してください
②次に、その文章にできるだけイチャモンをつけてください

哲学的に「視点を変える」ための手法

次に視点を変えるための手法についてお話ししていきます。まずはフランスの思想家、レヴィ＝ストロースの構造主義を使います。構造主義というのは、簡単にいうと物事を全体構造でとらえることです。物事を俯瞰して見ることで、今まで見えてなかった部分を見つけようというわけです。これもある意味で視点を変えることになるからです。

レヴィ＝ストロース自身は、アマゾンの未開の民族をフィールドワークする中で、彼らの交叉イトコ婚という仕組みが、単に遅れているのではなく、文明社会とはまた違った別のシステムであることを発見しました。それは全体構造を見ようとしたから可能になったことなのです。

たとえば、誰か貧しい人がいるとしても、その個人の貧しさだけに目を向けていたのでは、根本的な解決にならないことがあるのと同じです。この場合、貧困を生み出している社会の原因に着目する必要があるでしょう。

そこで私は、全体構造を見ることで視点を変えていくために、問題となる事柄を中心に置き、同心円状にそれを取り巻く環境を描いてもらうようにしています。そしてこれを「構造主義ギャ

構造主義ギャラクシー

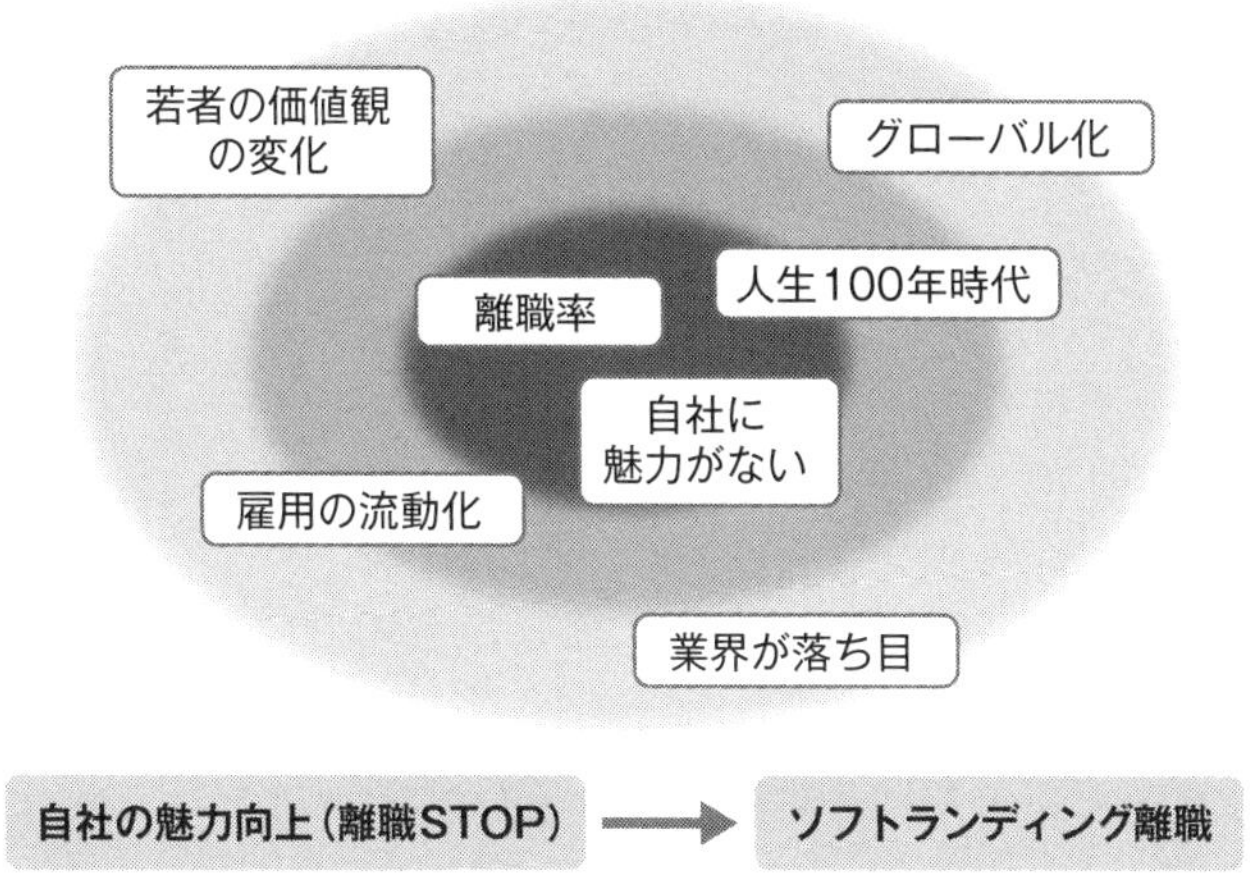

ラクシー」と名付けました。身の周りからどんどん視野を広げ、グローバル世界、果ては宇宙まで広げるイメージで、見た目もギャラクシー（銀河系）に似ているからです。

図の例は、ある会社の人事の方が実際にやられたものをベースに、私が説明用に簡略化して作り直したものです。この会社では若い人の離職率が高いということで、自社の魅力をアップさせようと考えられていたのですが、全体構造を見直すことで、それが自分の会社だけの問題ではなく、世界的潮流であることが分かってきました。

そうして、自社の魅力をアップして離職をストップするのではなく、むしろ離職は今や当たり前のものととらえて、ショックを和らげる方策を考えるようになったのです。たとえば、辞めたい人が当然のようにそれを申告でき、早くから次の人を雇える準備ができるというソフトランディング離職のイメージです。これなら双方にとってなんら問題がないどころか、有益ですらあります。

これについては、次のような形で演習してもらっています。

「皆さんの仕事のテーマの構造を考えてみましょう」

①選んだテーマを中心に置き、それを取り巻く環境（背景）を同心円状に広げていってください

②その全体の構造の中における、テーマの位置づけを考えてみてください

次に、ガブリエルの新実在論で視点を変える方法を紹介します。ガブリエルというのは、今世界で最も注目されているドイツの哲学者です。メディアにも登場する哲学界のロックスターなどと呼ばれています。

彼の新実在論というのは、ごく簡単にいうと、物事は認識のままに存在するというものです。ガブリエルはこれをイタリアにある山を使って説明していますが、イメージが湧きやすいように、ここでは富士山に置き換えて説明しましょう。

たとえば富士山は、見る人によって意味が変わります。私にとっては新幹線の車窓から見る風景にすぎません。でも、登山する人にとっては登るための山なのでしょう。静岡の人にとっては地元の山、海外の人にとっては浮世絵の山かもしれません。

そんなふうに、人によって物事の意味は変わるのです。面白いのは、ガブリエルの新実在論によると、それは単に人によって見え方が異なるだけでなく、見え方がそのままイコールそのものの存在だという点です。つまり、富士山は見る人の数だけあるということです。

そんなバカなと思われるかもしれませんが、これが間違っていることは今のところ証明できません。もしかしたら、私たちは皆パラレルワールドに住んでいて、たまたま同じ富士山のところで世界が重なっているだけともいえるのではないでしょうか。

そこから私は、可能な限り意外な視点で対象をとらえ直してみることで、その物事の意味を無限に変えることができるのではないかと思うようになりました。そしてそれによって、すでにある物事をまったく違ったものとしてとらえることができるのではないかと思ったのです。実際、イスラエルの歴史家ユヴァル・ノア・ハラリが『サピエンス全史』というベストセラーになった歴史書で、人間のことを小麦の奴隷として描いていました。彼がこんな面白い見方をできたのは、単に生物の視点から歴史を見たからだそうです。

研修中、私はいつもここでカルタゴの将軍ハンニバルのことに触れます。彼があれだけ多様な戦術で戦争に勝ち進むことができたのは、視点を変えていったからにほかなりません。だからハンニバルはこう断言するのです。「視点を変えれば不可能が可能になる」と。これはまさにビジネスにも当てはまることだと思います。

この新実在論を応用して、まずランダムに次元の異なる視点を提示してもらい、その視点から対象をとらえた時の意味を書き出してもらっています。これを私は「異次元ポケット」と名付けました。なぜなら、異次元の視点があたかもドラえもんの四次元ポケットのように次々と飛び出すイメージだからです。

この異次元の視点という点が重要です。複数の視点といっても、どれも似たようなもの、つまり次元が同じだとあまり意味がないのです。私は6つの視点をとりあえず挙げてもらっているのですが、この6つというのもその点に関係しています。ビジネスのフレームワークにシックスハット法というのがあるのですが、これは6人の異なる性格の人から見たら対象がどうとらえら

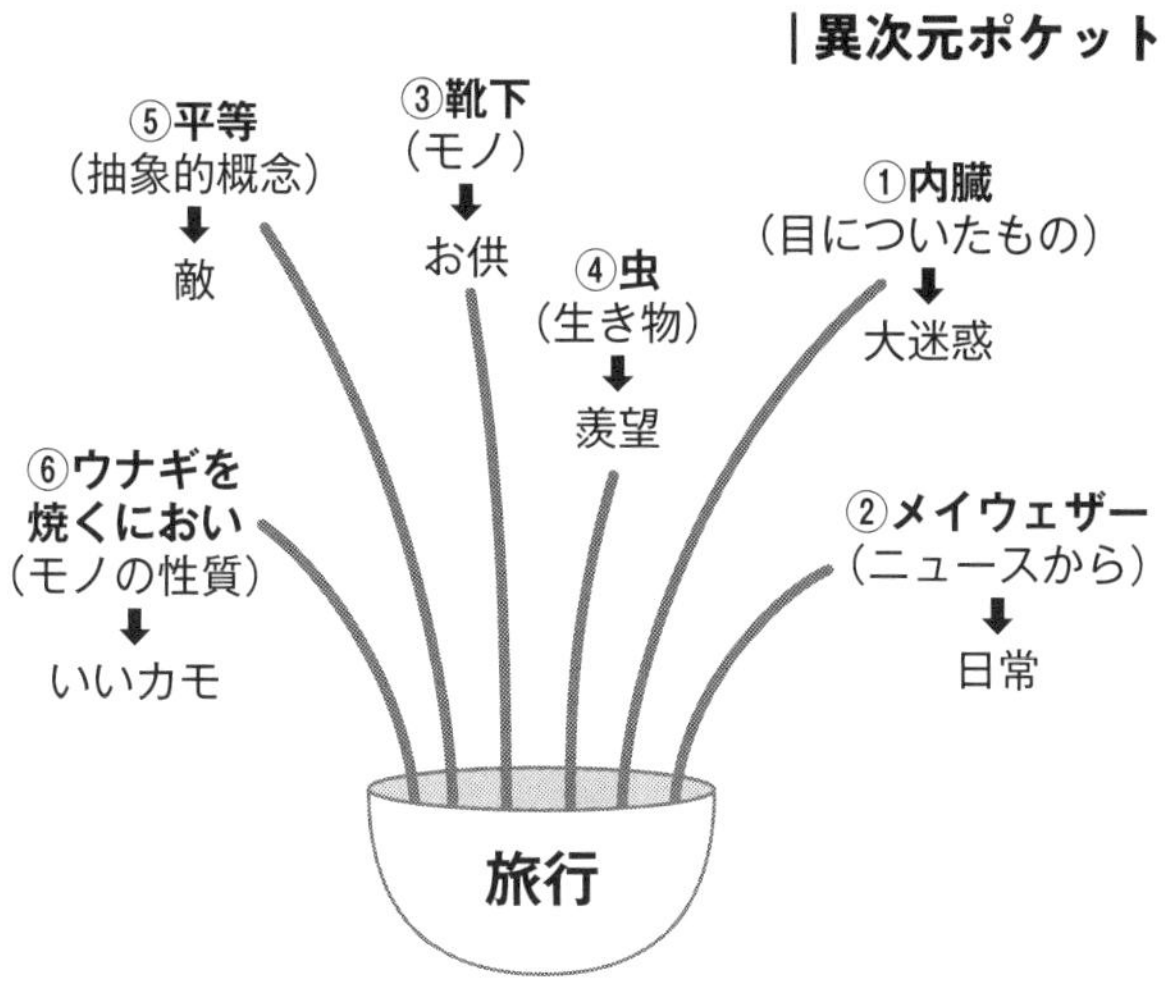

れるかというものです。

でも、私にいわせると、性格が違っても同じ人間ですから、そんなに意外な視点が得られるとは思えません。哲学はそんなビジネスの常識の枠組みを超える営みですから、あえて同じ6つの視点をぶつけているのです。それでいてすべて次元が異なるので、斬新で脱予定調和なとらえ方が可能になるというわけです。

図は実際にやってもらったものを私が少し修正したサンプルです。ある旅行会社の方が、新しいツアーの企画を考えるために旅行を異次元の視点でとらえ直した結果がこれです。最初は高齢者の視点からと言われたので、すぐさま私は待ったをかけました。高齢者視点はもうすでにあると思うのです。ですから、もっと適当に目についたものから始めた方が面白いですよとアドバイスしたのです。

するとその方は自分の身体に目をやって、「内臓」と言われました。そして内臓とは異なる次元の何か、それとはまた違う何かというふうに並べていかれたのです。そうして出そろった後、早速内臓から見た旅行はどうなるのか考えてもらいました。そんなこと考えたことないと言われたのですが、そこが面白いのです。

しばし考えた後、その方は、内臓から見たら旅行は大迷惑ですと言われました。たしかに時差があったり、長時間乗り物に乗ったり、食べ物が変わったり、トイレに思うように行けなかったりと、内臓にとっては旅行は大迷惑なのでしょう。

結局この方は、後に「内臓にやさしいツアー」というアイデアを出されていました。これはなかなかいいアイデアだと思いました。私もお腹が弱い方なので、こういうツアーがあったら興味を持ちます。トイレや食事も配慮してくれてそうですし。異次元ポケットがなかったら、こんなアイデアは出なかったと言われたのを聞いて、とても嬉しかったのを覚えています。

これはあくまで一例ですが、実際の研修では次のような形で演習してもらっています。

「皆さんの仕事のテーマを異次元ポケットでとらえ直してみましょう」

①何か一つキーワードを選んでください
②次元の異なる6つの視点を挙げてください
③その異なる視点から、それぞれキーワードをどうとらえ直すことができるか書いてください

大事なのは、先に異なる6つの次元を挙げることです。1つ目の視点について考えてしまうと、2つ目以降も影響されて似たような視点を並べてしまいがちだからです。6つも次元の異なるものを挙げるのは難しそうと思われるかもしれませんが、割と簡単です。1つ目はとにかく目についたものを挙げ、それとは違う次元のもの、またそれとは違う次元のものという感じで挙げていけばいいのです。抽象的概念などを1つ視点として入れると哲学っぽくなると思います。

その各々の視点からどうとらえることができるか考える際は、視点を擬人化すればいいと思います。つまり、擬人化して「内臓さん」から見たら、旅行はどうとらえられるかと考えればいいのです。

哲学的に「再構成」するための手法

最後のステップは再構成です。まずはヘーゲルの弁証法で再構成する方法についてお話ししたいと思います。

ヘーゲルというのは、弁証法で知られる近代ドイツの哲学者です。弁証法というのは、簡単にいうとマイナスをプラスに発展させる論理のことです。

ヘーゲルによると、何事も必ず問題を生じます。そして大抵私たちはその問題を切り捨てたり、そこから目をそむけたりしがちなのですが、それでは物事は発展しないというのです。そこでヘーゲルは、あえて問題を取り込み、それによってより発展した状態を目指すべきだとしました。

これがなぜ再構成するための手法になるかというと、相矛盾する二つの事柄をうまく統合することができるからです。たくさん視点を出しても、それらを再構成する際に、相矛盾する内容はなかなか一つにまとめるのが大変です。そんな時この弁証法が役に立つのです。

世の中には割とこの弁証法を活用した再構成の例があります。それらは問題の解決法としても位置付けることができます。

弁証法的問題解決の例

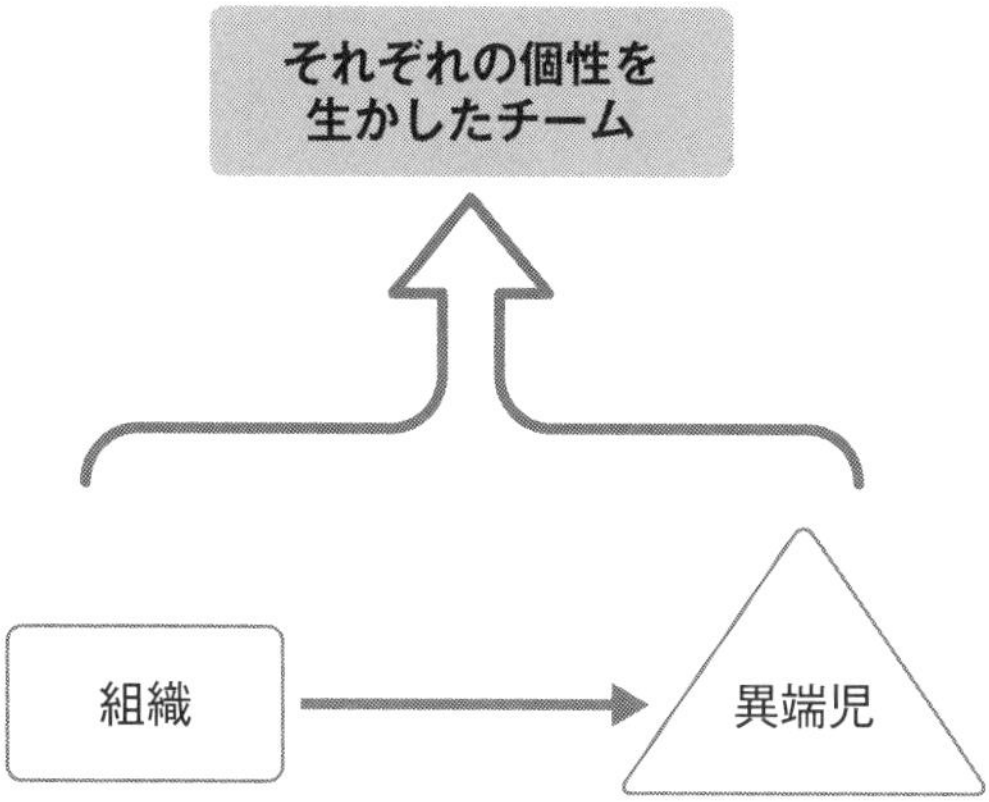

そもそも問題をどうするかという時に、それを取り込んで発展させるというのは、問題解決法でもあるからです。

たとえば、図は異端児の活用の例です。組織には必ず異端児がいます。そういう異端児は面倒だからと切り捨てがちですが、あえてその人材を活用するようなチームが作れれば、それは逆に武器になるのです。

あるいは、「ブサカワ」という言葉がありますが、キャラクターなどでも不細工なのをあえてそれがかわいいのだととらえ直すことで、新たな魅力が出ます。私が面白いなと思った例は、海洋散骨の仕事をされている方の例でした。その方は海洋散骨がマイナーだという問題点があると言われていたのですが、あえてそのマイナーさを売りにすれば、希少価値になります。その分単価を上げれば、ビジネスとしても成り立つはずです。
私はこの方法を「弁証法的問題解決」と呼んでいます。問題を取り込んで、それを生かす逆転の発想です。これは再構成の手法であり、ある意味でイノベーションを生み出す方法でもあるのではないでしょうか。

この演習については、次のようにやってもらっています。

「皆さんの問題を弁証法で解決してみましょう」

①テーマにかかわる問題を何か一つ指摘してください
②その問題を切り捨てることなく、逆転の発想でむしろ取り込んで、プラスに転換してみてください

次は、デリダの脱構築で再構成するというものです。デリダはフランスの現代思想家で、脱構築の概念で知られています。簡単にいうと、いったん壊して、作り直すということです。いった

ん壊して作り直すことで、ネックになっている問題を度外視して、新しい見方ができるからです。

デリダ自身、哲学教育に関してこの脱構築を実践しています。哲学教育を変えようとしたのですが、既存の枠組みではどうにもならないので、いったん壊して、まったく新しい枠組みを作り直したのです。それが国際哲学コレージュの創設です。ここでは誰もが一流の先生のもと哲学を自由に学ぶことができます。もちろん学費もなければ単位制度もありません。

これが可能になったのは、脱構築のおかげなのです。この発想はさまざまな分野に広がりました。文学やファッション、そして建築など。脱構築主義建築は比較的知られているのではないでしょうか。あのグニャっと曲がったような建物です。耐震性さえ確保されていれば、別に建物は全部四角である必要などないのです。

ただ、いったん壊して作り直す際、どの要素を選んで再構成するかは重要です。全部選ぶと元に戻るだけですし、つまらない要素だけ取り上げてもつまらないものになってしまいますから。

そこで私は、要素を分析したうえで、創造的に組み換えることをお勧めしています。具体的には、自分が好きな要素だけ選べばいいのではないかと思うのです。そうすると、もうそれは元のものとは別のものになってしまいますから、新たに命名する必要があります。そこも含めて再構成なのです。この手法を私は「好きなことだけdeコンストラクション」と名付けました。

好きなことだけ de コンストラクションの例

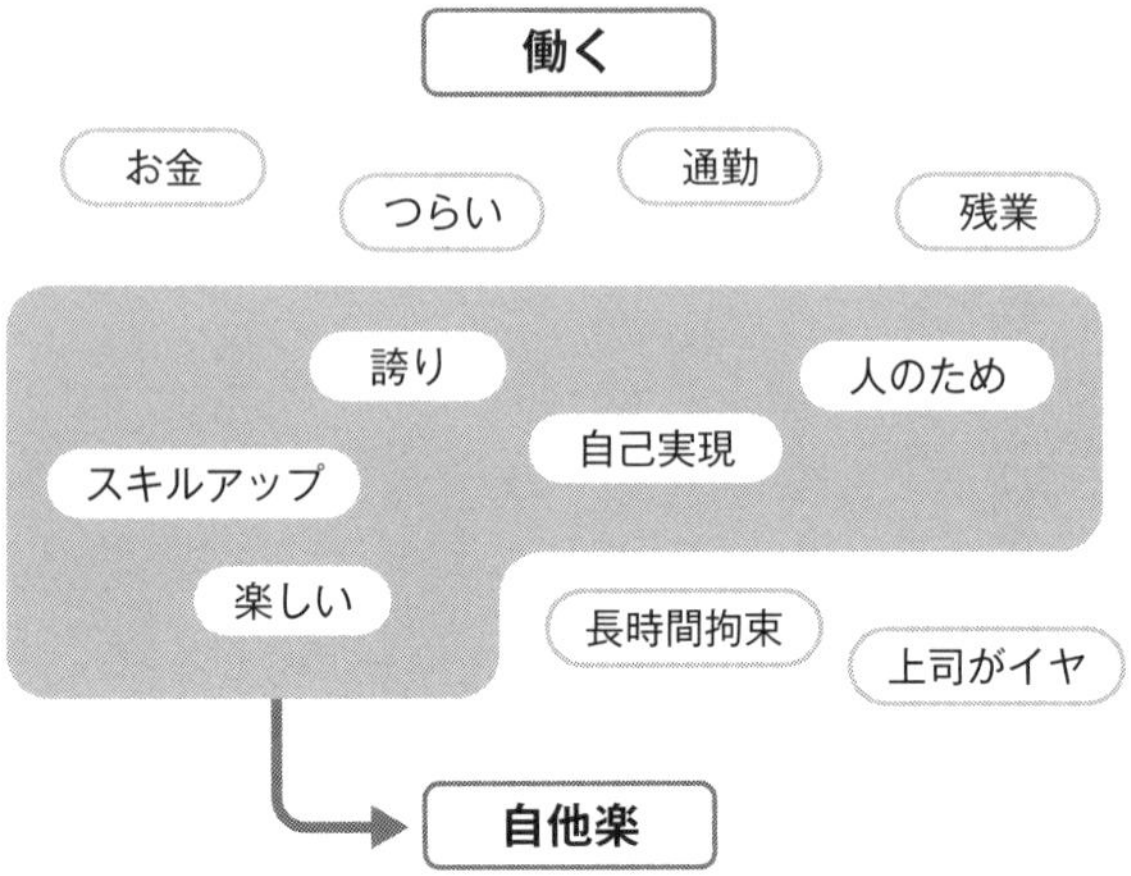

「好きなことだけで」という表現がいかにもYouTube時代の自由な今をとらえていると思いませんか？　さらに脱構築は英語でいうとデコンストラクションなので、それとも掛けています。

図の例は、私がかつて新しい働き方に関する本を書いた際、アイデアを考えるのに実際にやってみたものです。

まだコロナ前だったので、当時は残業や通勤が働き方改革のネックでした。そこで、そんなネックの問題は度外視して好きなことだけ選んだら、私と他者が共に楽になり、かつ私と他者が共に楽しめるのがいい働き方だということになりました。

するともうこれは従来の働くということとは異なる概念なので、自他共に楽になり楽しめるという意味で自他楽、カタカナで書くとジタラクと命名できるとしたのです。ハタラクからジタラクへということで、ゴロもいいと思いました。自堕落に聞こえるかもしれませんが、あえてそこを狙っているわけです。自堕落の勧めということで。

こうして大胆に脱構築することの利点は、ネックになっていた問題がただの解決すべき課題に格下げされることです。実際コロナになって判明したわけですが、残業も通勤も別になんとでもなることだと分かりましたよね。「好きなことだけdeコンストラクション」のおかげで、コロナ前から私にはそれが見えていました。

研修では、次のように演習してもらっています。

「皆さんの仕事のテーマを脱構築してみましょう」

①テーマを構成する要素をできるだけ挙げてください
②好きな要素だけ選んでください
③新たに命名してください

前のステップから引き続き同じテーマについて、疑う、視点を変える、再構成するというプロセスを踏んでいる場合は、異次元ポケットで出てきた要素も、ここに加えてもらうようにしています。つまり、異次元の視点から対象をとらえ直した結果もまた、その対象を構成する要素だといえるからです。しかもそれは今まで気づいていなかった要素なので、割と面白いものが多いはずです。それも使って再構成すると、きっと面白い結果になるはずです。

さて、いかがでしたでしょうか。こうして最後の命名までいくと、それをそのままビジネス提案に活用してもらうことができます。自分の仕事のテーマを再構成し、新たな言葉でとらえ直したわけですから、いってみればそれは自分の仕事を新たにとらえ直したことになります。つまりイノベーションしたということになるのです。

多くの研修では、ビジネス提案もしてもらっていますので、最後はとてもユニークなプレゼンが繰り広げられます。中には第1章でお話ししたピカソシュタインに徹することができず、せっかく面白いコンセプトが出ているのに、そことビジネス提案が切り離されてしまう人もいます。でも、その場合はコメントで指摘するとすぐに軌道修正されます。

それもそのはず、ビジネス哲学研修を受けた人は、別にビジネス提案をするだけが目的ではなく、あくまで哲学思考を身に付けることが目的なのですから。それさえできていれば、いくらでも軌道修正できますし、またビジネスへの応用もいくらでもできるようになるのです。ぜひ皆さんも本書でビジネス哲学を身に付け、結果の出せる最強のビジネスパーソンになっていただければと思います。

第3章

「生きづらさ」は最高の教科書である

本章以下では、ビジネスパーソンをはじめ誰もが直面するような日常や仕事上の悩みについて、古今東西の哲学の叡智をヒントにしながら、解決策を模索していきます。哲学による問題解決の例として、ぜひ参考にしていただければと思います。

どの悩みも複雑な現代社会を反映した複雑な内容ではありますが、便宜上次のような3つの章に分けて掲載しています。

第3章　「生きづらさ」は最高の教科書である
第4章　結果を出すための「お金の哲学」
第5章　「つながり」が分かればビジネスはうまくいく

つまり、自分に関する悩み、お金に関する悩み、社会との関係で生ずる悩みの三本立てです。人の悩みはだいたいこのいずれかに分類可能です。一番多そうな他者との人間関係の悩みは、このいずれにもかかわってきます。したがって、それがより自分次第の問題なのか、お金が絡むことなのか、社会の仕組みと関係があるのかによって、それぞれに割り振っています。

ただ、あくまで本にするための便宜上の分類なので、あまりこだわることなく、気になった悩みや問題から読んでいただければと思います。

なおここでの記述は、「週刊エコノミスト」における私の連載記事が元になっています。単行本化に際して、多少修正を加えています。ご了承いただければと思います。

哲学は不眠にも効く？

新型コロナウイルスで在宅勤務を始めたことがきっかけで、夜眠れなくなりました。寝ようとすると仕事のことが気になったりして、なかなか寝付けず、気がついたら明け方になっていることもしばしばです。不眠が続いていますが、睡眠薬に頼りたくありません。あまり考え事をしないようになれれば、もっと寝付きが良くなりそうに思うのですが、良い方法があれば教えてください。

哲学者はいつも難しいことを考えていて、きっと夜も寝られない人が多いのではと

思いますが……。

相談者より

人は不安があると、なかなか眠ることができません。

でも、朝は必ずやってきます。眠れない日々を過ごすうちに、慢性的に疲れがたまってきて、メンタルヘルスを損なったりするものです。

もちろん睡眠薬などを使う方法もあると思いますが、一番良いのは問題の根っこそのものを解決することだと思います。

そこで参考になるのが、「不眠のスペシャリスト」ともいうべき哲学者、ヒルティの思想です。

彼はスイスの哲学者で、『眠られぬ夜のために』という本を出すほど、不眠について本格的に哲学した人物だと言っていいでしょう。

まずヒルティは無理に寝るのではなく、むしろ眠れぬ夜を活用するよう説きます。

というのも、眠れぬ夜に自分の生涯の決定的な洞察や決断を見いだした人がたくさんいるからです。

だから、眠れぬ夜を「神の賜物《たまもの》」と見なして活用せよとさえ言うのです。

眠れない夜にやってはいけないこと

眠れないのはなにか理由があるのですが、その理由は定かではありません。

ならば、眠れない理由を解決しようとして悶々と苦しむよりも、むしろ眠れないことを人生の転換点の一つだととらえて、積極的に活用するよう説きます。

具体的には、眠れない夜を、人生においてどの方向に進むか考える時間にせよと言います。

ただその際、自分自身に相談してはいけないとも言います。

なぜなら迷える自分にいくら問いかけても、答えなど出るはずがないからです。

できれば、自分を愛してくれる人たちと語るようにせよと説くのです。

自分を愛してくれる人は、自分のことを最大限大事に考えて答えてくれるでしょうから、自分にとって必ずプラスになる、そして自分を傷つけないアドバイスをくれるはずです。

眠れないのは大抵深夜なので、いくら親しい間柄でも電話をするのは迷惑です。

そこで、眠れない夜には、自分を愛してくれている人に向けて、メールや手紙を書いてみてはいかがでしょうか。

文章にまとめると、自分が何に悩んでいるのかを客観的にとらえることができます。

また、相手に向かって文章を書くと、どういう返事が返ってきそうか予想できるので、それだけでも解決に一歩近づけるでしょう。

人からの手助けが得られない場合は、良い書物を読むのがいいとヒルティは言っています。直接的な答えにはならなくても、読書は悩みから気持ちをそらすのに役立ちます。

だから、枕元には常に愛読書を置いておくと良いのです。

ヒルティの本自体が、その役目を果たしてくれるはずです。

Philosoper

カール・ヒルティ（1833～1909年）

スイスの哲学者。スイス陸軍の裁判長に昇り詰めた法学者でもある。三大幸福論にも数えられる『幸福論』の著者としても知られる。

お勧めの本

ヒルティ著『眠られぬ夜のために』（岩波文庫）

結局人間の行動原理は欲望充足なのか？

私はお酒が好きでよく飲みに行っています。

ただ、自分でも思うのですが、飲むペースが速いのかついつい飲み過ぎて泥酔してしまい、周囲に迷惑をかけてしまいがちです。

お酒の席で失敗をやらかすたび反省して、しばらく禁酒したりしているのですが、ほとぼりが冷めるとまた飲みにいって泥酔してしまうというパターンを繰り返しています。

お酒をやめたいとは思うのですが、やめられません。

人間だから、欠点の一つや二つあるのは仕方ないのでしょうか。

相談者より

人間はすぐ欲のせいにしがちです。

あれが欲しい、これがやりたいと思うことは、たしかに人間の「欲」と密接な関係があり、欲の仕業だと言ってもいいかもしれません。

でも、それが哲学における「行為の理由」になるかというと、また別の話だったりします。

一般に行為の理由とは、こうすればああなるという、行為とその結果との間の因果関係についての「信念」を前提として、その行為を正当化したいという欲求に基づいている、と言えます。

お酒を飲めば酔っ払って気分が良くなるという因果関係が分かっていて、かつ飲めば酔っ払うという結果になることを信じているからこそ、お酒を飲むのです。

しかも、お酒を飲んだ結果として気分が良くなったのであれば、そもそも「お酒を飲んだ目的」であった「酔っ払って気分が良くなる」が達成されていますから、「お酒を飲むという行為は正しかった」と正当化できるわけです。

こうしたことが成り立っていることを前提に、「お酒を飲んだ理由は、酔っ払いたかったからだ」という説明が可能になります。

しかしこの考えでは、欲がすべての行為の原因ということになってしまいかねません。

食欲を満たしたかったから、食事をした。眠かったから寝た、お酒を飲みたかったから飲んだ。

こういった「欲にまかせた行動」も、行為の目的を達している以上すべて正当化できてしまうことなるのです。「行為の理由」を欲に求めていくと、あらゆる行為はなんらかの欲に基づくということになりそうで、だとすると「欲のために生きる」ことまで正当化せざるを得なくなってきます。

結局人間の行動原理は欲望充足なのだから、欲に負けてしまうのはどうしようもない、という話になってしまうでしょう。

「認知主義」と「徳」の議論

こうした考え方に対して異議を唱えるのが、南アフリカ出身の哲学者ジョン・マクダウェルです。

彼はこの場合、「状況のとらえ方（状況の認知）」に着目すべきだと言います。

つまり、欲のみに従うべきでないことを示す何らかの事実を知覚している時、単に欲求に引っ張られるだけではなく、状況をとらえた上できちんと頭で判断して合理的に行動すべきなのです。

これはいわゆる認知主義に基づいています。

要するに、道徳判断とは世界の事物について良い悪いを言うものなので、個々の判断は状況の特徴の認知から成りたっているという考え方です。

大勢でお酒を飲んでいて、自分が泥酔すれば他の人が迷惑するというのは、一つの「事実」です。その事実を知っていれば、お酒を飲み過ぎないように欲を自制しようという判断が可能になるというわけです。

認知主義の中には、その場の状況を知らずとも、科学的分析によって判断できるという考え方もあります。

つまり、どの程度のアルコールを飲めば泥酔して迷惑をかけるかという情報さえあれば、飲み会の状況を知らずとも判断できるということなのですが、マクダウェルはこれに反対しています。

こうした「状況」のとらえ方は、その人の「徳」にかかっているとマクダウェルは言うのです。欲望のほかに「徳」を持っていれば、欲に流されず的確に判断できるということです。

マクダウェルの理論が面白いのは、徳を「知」ととらえている点です。

本来、徳を身につけるのはそう簡単なことではありませんが、マクダウェルの文脈においては、物事をよく知り、それを元に考える「知」が「徳」のベースなのですから、誰しもが「徳」のある人物となれる道が開かれています。

欲望にまかせて行動する前に、物事をよく知り、それをもとに考えることで、正しい行為ができるということです。

人間には欲があり、取り除くのは不可能ですし、修行によって欲を抑えるのも非現実的ですが、物事をよく知り、考えることなら誰にでもできるはずです。

たとえば、お酒が体や社会に与える影響について知り、その弊害や仕事への影響について考えてみることで、判断が変わるかもしれません。

取り返しのつかないことになる前に、状況のとらえ方を変えてみるといいと思います。

Philosoper

ジョン・マクダウェル（1942年〜）

倫理学を専門とするが、心の哲学においても多くの業績がある。著書に『徳と理性』など多数。

お勧めの本

ジョン・マクダウェル著『徳と理性』（勁草書房）

なぜ人は差別や偏見に夢中なのか

最近職場の若い子たちが、中国や韓国をけなすような話をやたら口にするので不思議に思っています。

そういう情報はネットにたくさん流れているそうですが、私は見たことがありません。

それはすなわち、彼らは自分からそういうネタを探しにいっているんだと思います。

なぜ彼らはそういう話ばかり探して吸収しているのでしょうか。

相談者より

これは本人の意識の問題ももちろんあると思います。ただ、最近の政治的な出来事をきっかけに、中国や韓国に反感を持ったといった事情が背景になっているのでしょう。

ただ、政治的な出来事「だけ」が原因であれば、韓国や中国への反感は本来一過性のものであるはずで、その出来事が解決するか、影響を無視できるくらいの時間が経てば、どうでもよくなってくるものではないでしょうか。

おそらくはそういう背景があるところに加えて、インターネット情報に特有の性質が絡んで、根深い問題になってしまっているのだと思います。

今の時代はもはや若い人に限らずネットで情報を入手するのは日常茶飯事になりました。

一時期、集中的に、ある特定の分野の情報や特定の論調の情報にアクセスしていると、今のインターネット上では「そのユーザーの好みの情報」を優先的に表示するので、自分の周りの情報が特定の論調だけになるという、いわば特定の情報に「閉じこめられてしまう」状況に陥りがちです。

「フィルターバブル」に陥っている

『閉じこもるインターネット』の著者イーライ・パリサーは、この問題を「フィルターバブル」と呼んで警鐘を鳴らしています。

つまり、ネットを使えば使うほど、その人の情報はネット上に蓄積・把握され、その人の求める「であろう」情報がシステムによる推測のもと、表示されるようになってくるのです。

皆さんもネットで買い物をする際、一度検索した商品の広告がお勧めとして出てきた経験があると思います。

商品に限らず、あらゆる情報について同じことが起こっているのです。

商品ではないため気づかないことが多いですが、私たちの検索履歴をもとに、好みや傾向を把握し、それに基づいた広告を表示したり、お勧めのニュースを上位にもってきたりしているのです。

そんな状況をパリサーは「フィルターバブル」と呼んでいるわけですが、こうした仕組みは普段意識されないものです。それゆえに私たちが知らないうちに、偏った情報の中に孤立させられる結果になっていると彼は指摘しています。

本来はひとつの論調だけでなく、別の論調にも触れたうえで意思決定すべきですが、インターネットの仕組み上、特定の論調しか見聞きしない状況が起きやすくなっています。しかも、自分が偏った情報にしか触れていないことに、気づきもしないということが起きているのです。

そうした「別の情報から孤立した状態」を「閉じこもる」と表現しているわけです。

職場の人たちも、自分が偏った情報の中に閉じこめられていることに気づいていないのかもしれません。

いや、実は職場の人だけでなく、相談者も、私自身も、誰もがすでにそういった状況に置かれているのです。その状況を打開するため、パリサーは、自ら意識して行動パターンを変えるべきだと主張しています。

いつもと違う情報をあえて検索してみるとか、インターネットブラウザーのユーザー情報を特定するために使われるクッキーというデータを定期的に削除するとか、具体的な方法も提案されています。ぜひ職場の人にも勧めてみてはいかがでしょうか。

Philosoper

イーライ・パリサー（1980年〜）

アメリカの作家。テクノロジーが民主主義に与える影響について論じている。活動家として市民政治団体でも活躍している。著書に『閉じこもるインターネット』（文庫版の書名は『フィルターバブル』）がある。

お勧めの本

イーライ・パリサー著『閉じこもるインターネット』（早川書房）

「曖昧さ」こそが世界の本質である理由

よく人から態度が煮え切らないとか、曖昧だと言われます。大抵のことは「どっちもアリ」と思ってしまうほうで、どちらか一つを選ばなくてはならない時も、なかなか決められません。こういう性格を直したいと思っています。どうしたらいいのでしょうか？

相談者より

本来、物事はそう簡単に白黒つけられるものではありませんから、どちらか決めろ、割り切れというほうが無理な場合もあると思います。

本人としては誠実に答えようとしているだけなのに、決めきれないでいると態度が曖昧だと言われてしまうので、困ってしまいますね。

「砂山のパラドックス」とは何か

哲学の世界には「砂山のパラドックス」という考え方があります。つまり、砂山から砂を1粒ずつ取り除いていった時、それが砂山でなくなるのはいったい何粒目からかという話です。砂山として認定される「粒数」の基準などもちろんありません。しかし、それだとたった1粒でも砂山ということになってしまいますよね。これはどう考えてもおかしな話です。

同じことは「禿げ頭」にも当てはまります。たしかに、毛が何本以下なら禿げだ、などと分類するのは難しいですよね。つまり、どんな基準も突き詰めていくと曖昧でしかなく、どのような物事も曖昧さから逃れることはできないということです。

そんな困った状況を解決するのに参考になるのが、ティモシー・ウィリアムソンの哲学です。

彼によると、「砂山問題」のような曖昧さがあると人間は困ってしまうので、それを回避するための代替案として、人間はAでもBでもないどっちつかずの状態を設定しようとすると言います。この「どっちつかずの状態」を「ファジーな状態」と呼びます。

しかし、ウィリアムソン自身はそうした考えに反対しています。「どっちつかずの状態」とは、Aでもあり、同時にBでもあるという状態です。砂山の例でいうと、少量の砂は、「砂山でもあり、砂粒でもある」と考えるということですが、そういう考え方は矛盾をはらんでいて、おかしいと彼は考えます。

たしかに、「禿げてもいて、かつ禿げてもいない」などということはあり得ないでしょう。そこで彼は、曖昧さを避けるために、ともかくどこかに境界線を設けることを提案しています。

この境界線を導入するという発想は数学などで使われる「二値原理」に基づくもので、どんな命題でも必ず真か偽かどちらかの答えがあると考えます。

この「二値原理」のように、砂粒か砂山か、どこかに境界線をあえて引いておかないと、「砂粒でもあり、砂山でもある」とか「禿げていて、かつ禿げていない」というおかしな状況が生じてしまいます。

そうならないために、「何粒目から砂山と呼ぶ」「毛が何本以下を禿げと呼ぶ」という境界線を設定しましょうということです。仮に「10粒から砂山とする」と決めた場合、「10粒は砂山として少なすぎる、20粒にすべき」というふうに、その基準に文句を言ってくる人もいるかもしれません。

ただ、そういう異論がある場合、また別の境界線を設定して、新たな名前をつければいいだけだと彼は言っています。「10粒は小砂山」「１００本あればちょい禿げ」といった具合です。

さて、相談者が優柔不断を乗り越えるためには、同じように自分なりの境界線を設けて、それが自分の基準だと割り切るようにするしかないと思います。

物事が曖昧なのは当然ですが、優柔不断なのは自分の考え方の問題です。物事をどう扱い、どう判断するかについて考えを深めていくことで、自分なりの基準ができていくのではないでしょうか。個人的には、優柔不断なことに苦しむくらいなら、勇気を出して割り切った方がすっきりするのではないかと思うのですが。

Philosoper

ティモシー・ウィリアムソン（1955年〜）

イギリスの哲学者。論理哲学や言語哲学が専門。曖昧さという概念についても研究している。著書に『Doing Philosophy』（未邦訳）などがある。

お勧めの本

デイヴィッド・エドモンズ他著『哲学がかみつく』（柏書房）

生きることは「苦痛」でしかないのか？

就職活動をしていますが、なかなか志望する会社に評価してもらえません。そのせいか、最近はどんなことでも悲観的に考えるようになってしまっています。思うような就職ができないまま、一生つまらない人生を歩むような気がして、毎日憂鬱です。

自分は成績も良くないうえ、他にこれといった取りえもない、つまらない人間だと思います。

社会に出て、他の優秀な人たちと真っ正面から競争して勝てる気がしません。

できればそういう競争を避けて暮らしたいのですが、そうすると今度は生きていく

ために最低限必要なお金も稼げなくなりそうです。こんな人間に生まれてくるくらいなら、いっそ生まれてこなければよかったのに、とも思ってしまいます。こう考えることはおかしいでしょうか。

相談者より

世界を見渡せば、嫌なことがたくさんありますよね。戦争をしている国もあれば、テロが頻発している国もあります。貧困どころか、食べるものがなく、飢餓によって人々が亡くなっている国もあります。一方、幸運にも先進国に生まれたとしても、生きていくために熾烈な競争に勝ち残っていかなければなりません。

果たして人間はこの世に生まれてきて幸せなのかどうか、問いかけたくなります。実際、南アフリカの哲学者デイヴィッド・ベネターは、『生まれてこないほうが良かった』という著書の中でそうした主張を展開しています。これは「反出生主義」と呼ばれる思想です。

「反出生主義」とは何か

ベネターは「快楽と苦痛の非対称性」を指摘しました。要するに「苦痛がないことは良いことだが、快楽がないことが良いかどうかは人による」ということを示したものです。

苦痛と快楽は一見反対の概念であるように見えますが、その価値は等しくはない、ということになります。すると快楽を追求する人生と、ひたすら苦痛を避ける人生では、苦痛を避けるほうがより本質的な幸せだと考えられます。

その結果、苦痛を避けるためには、そもそも生まれてこないほうが良い、となると彼は論証したのです。

さらに、自らの主張を裏付けるかのように、世界では毎日約2万人が餓死し、毎年事故によって350万人が死に、2000年には81万5000人が自殺しているという事実も摘示しています。

すなわち、この世に生きるということは、苦しみに満ちているわけです。となると、善く生きるということの意味が180度真逆になります。より幸せになることよりも、苦痛をなくすことこそ、善い人生というわけです。

それゆえ私たちの道徳的義務とは、できるだけ子供が生まれてこない世の中を作ることで、そのためには避妊や人工妊娠中絶を積極的に実施すべきであると彼は言います。さらには段階的に人類を絶滅させることが必要だとまで主張しました。

これは極論に聞こえるかもしれませんが、一定の説得力があると見なされていて、イギリスでは「反出生主義の党」という政党まで結成されているそうです。

私個人としては反出生主義に賛成はしません。単に感情的に反対しているということではなく、哲学的な立場としてそう考えています。苦痛と快楽の間に非対称性があったからといって、生きる価値自体を全否定することはできないと思うからです。

人間は過ちを繰り返す生き物ですが、まったく同じことを繰り返しているわけではなく、少しずつ進歩していっています。

仮に、今の世界に生きることが苦痛に満ちていたとしても、未来の世界まで苦痛に満ちていると考えることはできないでしょう。だから、子供が生まれてこないように操作したり、人類を絶滅させることこそ善と考えるのは行き過ぎだと思います。

相談者は生きづらさを感じ、悩んでおられるのだと思いますが、ご自身の能力や可能性を過小評価されているようにも思います。少なくとも、自分がつまらない存在かどうか、世の中をもっと体験してから判断しても遅くないのではないでしょうか。些細なことでも、今後あなたが体験する出来事の中には、苦痛ではなく幸福に思えることがきっとあると思います。

Philosoper
デイヴィッド・ベネター（1966年～）
南アフリカの哲学者。反出生主義の理論家。著書に『生まれてこないほうが良かった』などがある。

お勧めの本
森岡正博著『生まれてこないほうが良かったのか？』（筑摩書房）

「私」とは所詮「脳」なのか？

「2045年問題」が気になっています。

ＡＩがさらに高度化すると、いずれＡＩが自ら人間を凌駕する知性を生み出せるようになると言われていますが、その時点を「シンギュラリティ（技術的特異点）」と呼ぶそうです。

２０４５年にはそのシンギュラリティが到来するという説もあるそうです。

いずれ人類はＡＩに支配されてしまうのでしょうか。

相談者より

ＡＩには経済の起爆剤として大きな期待が寄せられていますが、同時に人々のあいだにさまざまな不安を生じさせてもいます。その中でも「究極の不安」と言えるのは、人間より賢くなったＡＩが「心」を持ち、いずれ人間を支配するのではないか、というものでしょう。

科学のＡＩ研究分野では、人間の脳の認知システムを応用したディープラーニング（深層学習）と呼ばれる手法で、計算能力だけでなく判断力もＡＩに与えようとしています。その結果、人間のような心さえいずれはＡＩに宿るかのように主張する科学者もいます。おそらくこうした点が人々の不安に拍車をかけることになっていると思われます。

そもそも「心」とは何なのか

しかし、そもそも「心」とは何でしょうか。

哲学の立場から言わせてもらえば、AI研究において考えられている「心」と、哲学における「心」は、少し違うものだと思います。そうした意見を代表するのが、ドイツの哲学者マルクス・ガブリエルが唱える新実存主義でしょう。新実存主義とは、人間を「自由な存在」ととらえた実存主義をさらに刷新したものです。

ガブリエルは、私＝人間の心は「脳とイコールではない」と断言します。心はもっと複雑で、さらなる可能性を持ったものだ、と彼は考えているのですが、心（精神）と脳を同一視しようとする科学者の考え方とは一線を画しています。

なぜそう言えるのか。ガブリエルにとって、人間の心が「脳とイコールでない、複雑きわまるもの」であるのは、私たちが心をそのようなものととらえているから、というふうにも言えると思います。

逆に、もし科学者の「脳＝心」という見方を私たちが受け入れ、AIにも心が宿りうると信じてしまったとたん、私たちは「AIはいずれ人知を超える」という科学者が作り上げた物語に取り込まれてしまい、ひいてはそれは私たちが「複雑で自由な心」を失うということを意味するのです。

これは心の問題というより、私たちの自由そのものの喪失にほかならない、とガブリエルは指摘しています。人間の心は計り知れないもの。それをどこまで研究できるか、あるいは、研究すべきなのかさえ、私たちの「自由」に委ねられています。

人間を機械のようにとらえて、脳の機能はおろか心までAIで代替可能だと考えることは、それ自体が、「人間の心とは自由で複雑なもの」という考えを捨てることにほかならず、それはすなわち人間の自由を自ら失う行為そのものなのです。

それをあえてすることで、「自由な人間の心」を「科学という名の檻」に閉じ込めること自体が、AIが私たち人間を支配するということなのではないでしょうか。

AIが人間を超越し、人間の心まで機械で置き換えられるという思想を信じた瞬間こそ、いわゆる「シンギュラリティ」であり、その瞬間からAIによる人間支配が始まっている、という見方もできると思います。

だから私たちは「AIには敵わない」と簡単に考えるのではなく、自由な人間の心がAIに置き換えられないよう、あらがい続けなければなりません。そうした抵抗自体が、人間の心が自由な存在であることを、逆説的ではありますが、保証し、証明するものだと思います。

相談者も、ご自分の手を動かし、自分の頭で考えてみることで、ご自身の心が自由であることを実感できると思います。

ＡＩはどこまでいっても機械ですが、人間が機械にはないそうした自由さを認識できていれば、ＡＩが導入されたとしても、自分の味方につけたり、あるいは技術を応用する側に回るなど、人間にしかできない仕事を新たに見つけられると思います。

そうであれば、ＡＩの発達をそれほど恐れる必要はないのではないでしょうか。

心の実体は、脳の解明が進んだ現在でも依然解決のしようがない難問で、本来デジタル化が難しい非常に曖昧模糊とした存在です。心と脳は異なるものというガブリエルの言葉の意味を、今一度よく考えてみるべきだと思います。

Philosoper

マルクス・ガブリエル（1980年〜）

ドイツの哲学者。新実在論や新実存主義など新しい哲学を唱えている。著書に『なぜ世界は存在しないのか』『新実存主義』などがある。

お勧めの本
マルクス・ガブリエル著『「私」は脳ではない』(講談社選書メチエ)

「カミングアウト」は本当にやるべきなのか

とある女性アイドルグループの熱狂的なファン、いわゆるアイドルオタクをやっています。

オタクとしての活動は充実していますが、推しているグループのライブが地方で開催されることが増えたので、そういう時は有給休暇を取って遠征しています。

あまり休まなかった私が、最近はよく休んでいるので、上司や同僚から心配されているようです。

有給休暇は取りやすい職場なので、正直にアイドルのライブに行くと言っても、問

題はありません。

別に悪いことをしているわけではないので、会社に対して秘密にしておくのもどうかという気持ちもあります。

ただ、職場には女性社員も多いので、アイドルオタクをやっていることがばれると、変に思う人もいるのではと思って、正直に言えずにいます。

どうしたらいいでしょうか。

相談者より

誰しも自分だけの嗜好があるものです。嗜好とは、自分にとってはたまらない魅力があるものですが、他人から見れば「そんな変なものがなぜ好きなのか」と言われてしまうようなものでもあります。

ただ、それは仕方がないこととも言えます。人間は一人ひとり異なる個性を持っていますから。好きな物もまた、一人ひとり異なっています。

問題は、その嗜好や個性を周囲の人間とどうやって調和させていくか、周囲に迷惑をかけずに、かといって周囲に否定されないように、自分の嗜好や個性をどのように維持していくかということとではないでしょうか。

前向きに生きるためのフーコーの哲学

そこで参考になるのが、フランスの思想家フーコーによる「実存の美学」の概念です。フーコーは一貫して知の歴史を研究した哲学者ですが、特に晩年に及んで、性の歴史を研究する中で見いだしたのが、この実存の美学でした。

この研究の中で、古代ギリシャで重んじられていた「率直な語り」にフーコーは着目します。人は性においてさまざまな嗜好を持っているものですが、スタンダードから逸脱した性については、他人から厳しく指弾されがちであるため、当事者は自分の嗜好について、つい秘密にしてしまいがちです。

ですがフーコーは逆に、自分の嗜好を勇気を持って他者に向けて告白することに価値を見いだしたのです。世間の価値基準に振り回されるのではなく、積極的に自分の嗜好を実現していく人生、生き方にこそ美的価値を認め、またそうした生き方を通してこそ、自分のあり方の存在意義を認められると考えたのです。

人と違う嗜好を持っていても、それを積極的に他人へと告白することは、単に人生に対して受け身な姿勢であっては実行できることではありません。他人に対して「私はアイドルオタクである」ということを告白することで、他人からも「この人はアイドルオタクなんだ」と認められるということになります。

それはつまり、「私は（自ら好き好んでなったわけではないが、仕方なく）アイドルオタクだ」というあり方から、「私は（自分から進んで他人の前で認めるほど）アイドルオタクだ」というあり方へ変わるということです。

要するに「アイドルオタクである」という受け身の生き方から、「（他人の前でも）アイドルオタクになる」というような積極的な生き方を目指すということでもあります。

ここで注意してほしいのが、実存の美学とは、単に自分だけの生き方を問題にしているのではなく、常に他人との関係が問題にされているということです。

他人に向かって「私はゲイです」というような告白をするということは、告白を受ける他人との関係性を変化させせます。

同時に、他人の前で「私はゲイです」と積極的に認める（つまり「ゲイになる」）ということを経た自分もまた、告白以前とは異なる「私」になっているはずです。つまり、フーコーの考える実存の美学とは、自分の生き方を問い直す作業を通じて、他者との関係を作り変えていく作業のことでもあります。

実はフーコー自身、同性愛者でした。当時は今ほど同性愛に寛容な時代ではなく、彼自身も自らのセクシャリティについて悩んでいたのですが、ある時、彼自身がまずこの「実存の美学」を実践することにしたのです。

フーコーの実践とは、単なるゲイの権利獲得運動ではなく、むしろゲイという生き方を新たに定義しつつ、彼自身もその生き方を実践する、といったものでした。つまり、フーコー自身がゲイであることをカミングアウトし、それによってゲイである自分と他者との間に、新しい関係性を構築していくことを目指したのです。

ゲイであることをカミングアウトしたことで、彼のもとを去って行く人間もいるでしょうし、あまり寛容ではない社会からの偏見も覚悟せねばなりません。ただ、逆にカミングアウトすることによって、フーコーのことをより深く理解した友人もいたでしょうし、新たな人間関係もたくさん生まれたことだろうと思います。

一定のデメリットは覚悟した上で、それでも自分自身が自分のあり方や、自分を取り巻く人間関係、生きる環境を決定していこうとすることが、フーコーの認める価値ではなかったかと思います。

私の例で恐縮ですが、ある時韓国ドラマの大ファンであることをカミングアウトしました。あまり韓国ドラマが好きではない知人からは「専業主婦みたいな趣味だ」というネガティブな反応もありましたが、逆に「自分も韓国ドラマが実は好きだ」という人も現れたので、今では「韓国ドラマ好き」を大々的にアピールしています。

ちなみにフーコーは芸術にも造詣が深い思想家でした。彼にとっては、己自身の人生もまた、一つの芸術作品を作り上げるようなもので、誰しも決まった人生を歩む必要はなく、自分自身に固有の人生を生きればよい、と考えたのだと思います。

相談者も、人がどう思おうと、自分自身のあり方を否定的にとらえるのではなく、むしろ他人の前でも肯定するように考えてみてはいかがでしょうか。

アイドルオタクであることを否定的にとらえるのではなく、オタクという自分のあり方も、自分が好きで作り上げた自分だけの芸術作品だ、というようなとらえ方ができれば、かなり気持ちが楽になるのではないでしょうか。

他人の前でもそうした積極的な生き方をすることを決意しさえすれば、かなり生きやすくなると思います。むしろ、相談者がそういうはっきりした態度をとっていれば、もしカミングアウトしたとしても、同僚からあまり悪くは言われないのではないでしょうか。そうすれば、今後は会社に対して後ろめたく感じることなく、自分の嗜好を追求していけると思います。

Philosoper

ミシェル・フーコー（1926~84年）

フランスの哲学者。哲学に歴史研究の手法を取り入れた。権力が人間を支配する仕組みを研究したことでも有名。著書に『知の考古学』『監獄の誕生』などがある。

お勧めの本

慎改康之著『ミシェル・フーコー　自己から脱け出すための哲学』（岩波新書）

なぜ人は他人を妬んでしまうのか

私の隣の席に別の部署から異動してきた同期が座ることになりました。私よりも学歴があって、仕事もできて、人柄もいいということで、社内でも評価されているようです。

私は彼ほど学歴もなく、仕事の能力にも自信がありませんが、コミュニケーション力とチームワークには自信があります。

誰とでも仲良くなれる性格で、社内に敵らしい敵はいませんし、いつもムードメーカー的な役割を果たしてきたと思っています。

私がこれまで誰とでも仲良くしてこられたのは、他人の成功を嫉妬したり、自分の意見に反対されたことを根に持ったりといった、悪い感情にとらわれることがなかったから、でもあります。

それは逆にいえば、嫉妬の対象になるような同僚がこれまでは目の前にいなかった

ということでもあると思います。
ですが、今度隣に来た同期にはどうしても嫉妬心を抱いてしまうようです。
気持ちをどうコントロールすべきでしょうか。

相談者より

人間は誰しも劣等感を抱く生き物です。それゆえ、劣等感に由来する嫉妬心やライバル心が生まれるのも当然です。そうした気持ちを無理に抑える必要はないでしょう。逆にそれは不自然なことであるとさえ言えます。

でも、だからといって自分より優れた人と競争ばかりしていては、心が疲れるだけです。上には上がいますから。大切なのは、その劣等感を自分の成長につなげていくことです。そこで参考になるのが、心理学者でもあるアドラーの思想です。

もとは内科医だったアドラーは、身体的なハンディキャップがありながら、その弱点をバネに努力を重ね観衆を魅了するサーカスの芸人たちを目の当たりにして、劣等感こそが人を成長させることに気づきました。

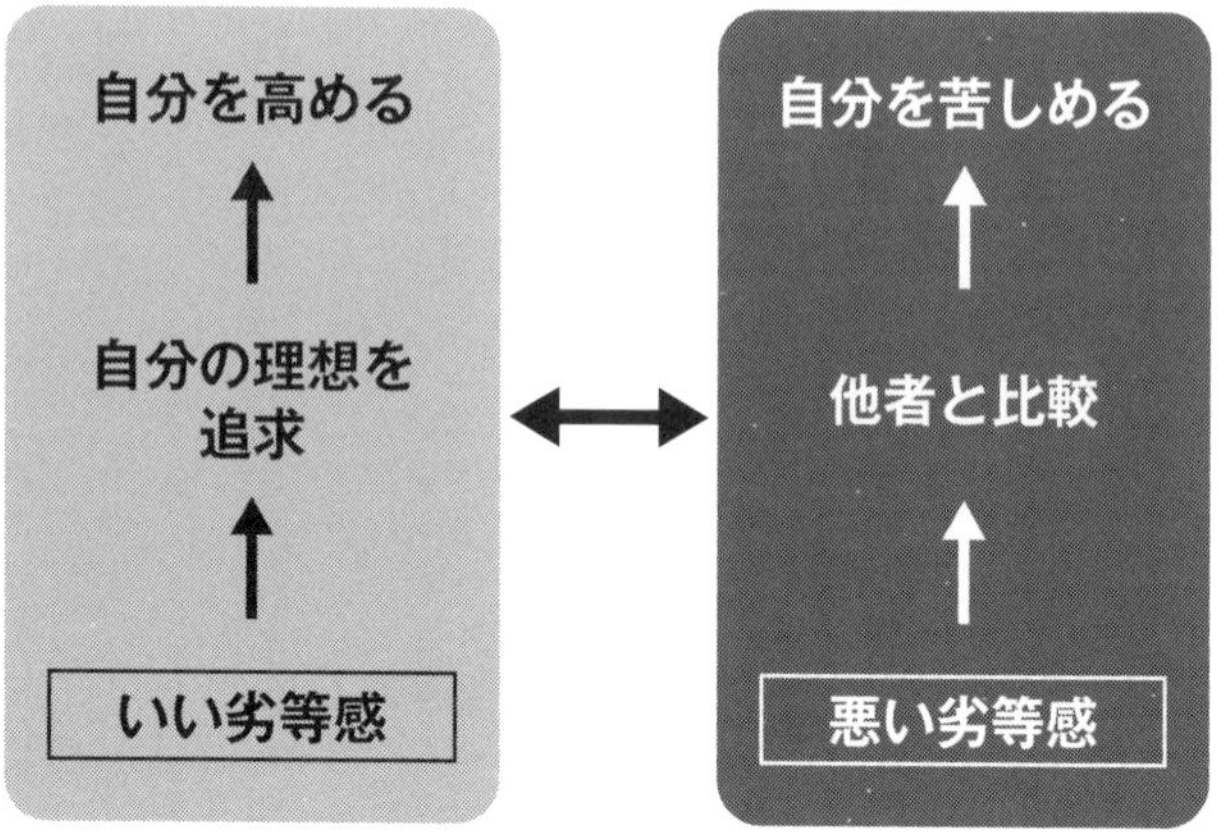

ただ、その劣等感を他者との競争に向けるのではなく、自分が理想に近づくために生かすことが大切だと気づいたのです。同じ劣等感にも、いわばいい劣等感と悪い劣等感がある、とアドラーは考えました。

「いい劣等感」と「悪い劣等感」がある

悪い劣等感とは自分と他人を比較することで生まれてくるもので、自分を高める役にはあまり立たないばかりか、自分を苦しめます。

他方、いい劣等感とは自分自身の理想を直視し、現状で足りない部分を把握することで生まれるもので、人間はこうした劣等感をバネに一生懸命努力をするので、自分自身を高める役に立ちます。

人間は自分と他人を比べて、つい他人のほうが恵まれていると感じてしまいます。ですが、そうしたときにも物事をよくよく考えてみると、そもそも他人のことなど自分はさほど問題にしていない、ということに気づくものです。

他人が恵まれているかどうかということよりも、自分がどうありたいかということのほうが、よほど重要だと気づくはずです。アドラーはそのことを「課題の分離」と呼んでいます。つまり、自分がやるべきことを整理することで、気持ちが楽になると彼は言います。

自分の課題とは本来自分にしか意味がないもので、そして何よりも自分にしか解決できないものなのです。他人が自分より優れているかどうか、他人のほうが自分よりも評価されているかどうか、というようなことは、そういう意味では自分の課題ではないわけです。

ですからお悩みの方も、他者をライバル視するのではなく、自分はどうありたいのかを徹底的に突き詰めることを優先してはいかがでしょうか。とはいえ、自分がどうありたいかを考えるのは結構難しい作業です。

どうすれば自分が幸せなのか、自分にとって何をするのが得になるのか、ということを考えるためには、まず自分を取り巻く状況を冷静かつ客観的に分析する必要があります。判断するための基準が自分の中にしかないので、自分の中にそうした価値観を築きあげていく必要もあります。

またいろいろな可能性がある中で、一つの可能性を優先するということは、別の可能性を切り捨てるということでもあります。自分にとって不要な要素やあり方などを捨てる勇気も必要になります。

これは難しい作業ですので、1度考えただけで簡単に答えが見つからなかったり、あるいは1度見つけたその答えがすぐ疑わしく感じてしまったりします。しかし、そういう時でも2度、3度と考え抜いて、自分なりの理想を探しあてなければなりません。それは自分にしかできない課題であって、頼れるのは自分だけです。

そういう作業を途中で投げ出さず、急がば回れの精神で、何度も何度も考えてみる。その作業を行っていれば、おのずと心は他人との比較に向かうことがなくなり、自分をコントロールできるようになるはずです。

他者に踊らされるのではなく、自分が踊りたいように踊る。人生というステージはそうして初めて自分のものになるのです。

Philosoper

アルフレッド・アドラー（1870～1937年）

オーストリア出身の心理学者。アドラー心理学あるいは個人心理学と呼ばれる独自の立場を確立。医師として働いていたときの経験がもとで、劣等感に関心を持つ。著書に『人生の意味の心理学』『人はなぜ神経症になるのか』などがある。

お勧めの本

岸見一郎他著『嫌われる勇気』（ダイヤモンド社）

夫婦関係はなぜ大概うまくいかないのか

来年で結婚30周年を迎えます。

ますます夫婦仲むつまじく、といきたいところですが、残念ながら年々夫婦仲が冷えていっているようです。

関係改善のつもりで真珠婚式をやろうと思ったのですが、妻に相談してみたところ、「やらなくてもいい」という返事が返ってきました。

一人で行動したいのか、単身で海外赴任してほしいと言われることもあります。最近では「一緒の墓には入りたくない」などとも言われていて、正直に言って結構傷ついています。
私としては、妻と家族のために、これまで一生懸命働いてきたつもりでした。それなのに、こうした冷淡な言葉をかけられたりするのは、ひどい仕打ちだと思ってしまいました。
なぜこんなことになってしまうのでしょうか。

相談者より

愛とは手のかかるものです。なぜなら、常に育てる必要があるからです。一時的に誰かを愛するとか、好きになっても、その関係を維持するために何もしなければ、長続きはしないでしょう。努力を怠ったことで関係が持続しなかった経験の一つや二つ、皆さんにもあるのではないでしょうか。

当然、結婚生活についても同じことが言えるでしょう。誰かを愛し続け、また相手にも愛し続けてもらうことを要求するためには、努力が必要なのです。そういう努力を面倒だと思う人は、すぐに愛を失います。

それでもちゃんと結婚生活を長続きさせていると豪語する人がたまにいますが、果たして本当にそうなのかなと疑問に思ったりもします。その関係に本当に愛があるでしょうか。

相談者もまさにそうした壁に直面されているのだと思います。

「愛」の本質とは「追い求める」ことにある

結婚して30年、自分は愛を継続してきたと思っているのに、相手はそう思っていなかった、ということだと思います。相談者としては一生懸命やってきたつもりだったので、相手の態度の理由が分からないのでしょう。嘆きたくなる気持ちもよく分かります。

しかし、相談者が一生懸命やってきたのは、仕事や家族を守ることだけだったのではないでしょうか。奥さんを愛するということについても、これまで一生懸命努力してきたでしょうか？

奥さんから愛されるためには、まず相談者が奥さんを愛していなければならないと思います。

ところで、愛とはいったい何でしょうか。愛とは、相手を追い求めることだと、古代ギリシャの哲学者プラトンは言っています。

プラトンの説く愛とはエロースと呼ばれるものですが、これは相手を求める気持ちにほかなりません。プラトンによると、人間とは完璧なものを求める存在なのですが、そのエネルギーこそがエロースなのです。

もちろんエロースが追い求める完璧なものは、そう簡単には手に入りません。完璧なものを手に入れるまでには当然さまざまなハードルを越えなければならないのです。

本質的に愛とはこういうものなので、恋愛関係にしろ、結婚生活にしろ、それを維持するためには常に「完璧なものを追い求める」ということが必要になります。

さて、相談者はそうした努力をされていたでしょうか。これまで愛の言葉の一つもささやかず、ビール腹を突き出して寝そべっているようでは、決して「完璧なものを追い求める」ような姿勢とは言えません。

つまり、奥さんに対する姿勢こそ、奥さんが相談者を邪険に扱うようになった理由ではないかと思います。関係を改善するためにはまず、そうした部分から変えていかなければならないでしょう。

相思相愛の関係を続けたいなら、相手から愛されることばかり期待するのではなく、自分が相手を愛さなくてはならないのです。さらに言うと相手からいつまでも追い求められたいなら、まずはあなたが相手を追い求める必要があるのです。

おそらく相談者と奥さんの関係も、知り合った当初はきっとそういう関係だったのではないでしょうか。だからお二人は結婚されたのだと思います。

Philosoper

プラトン（前427〜347年）

古代ギリシャの哲学者。現実の世界に対して、完全な理想の世界としてのイデア界の存在を説く「イデア論」で有名。ソクラテスの弟子でもある。著書に『ソクラテスの弁明』『饗宴』など。

お勧めの本

プラトン著『饗宴』（光文社古典新訳文庫）

人間はなぜ死を恐れるのか

タレントの志村けんさんや岡江久美子さんがコロナ感染によって亡くなって、大きなショックを受けました。新型コロナウイルスは感染しても重症化しない人も多い中、高齢者や基礎疾患のある人が感染し、あっという間に亡くなってしまうケースもよくあるといいます。自分もコロナに感染したら死んでしまうのかと思って不安な日々を送っています。

相談者より

新型コロナウイルスによる犠牲者が連日報道されています。そうした報道を目にした誰もが、明日は我が身ではないかと、死の不安にさいなまれています。

しかしながら、私たちの全員がただちに死ぬというわけではないので、過剰に不安がらずに、

死を恐れず過ごすには

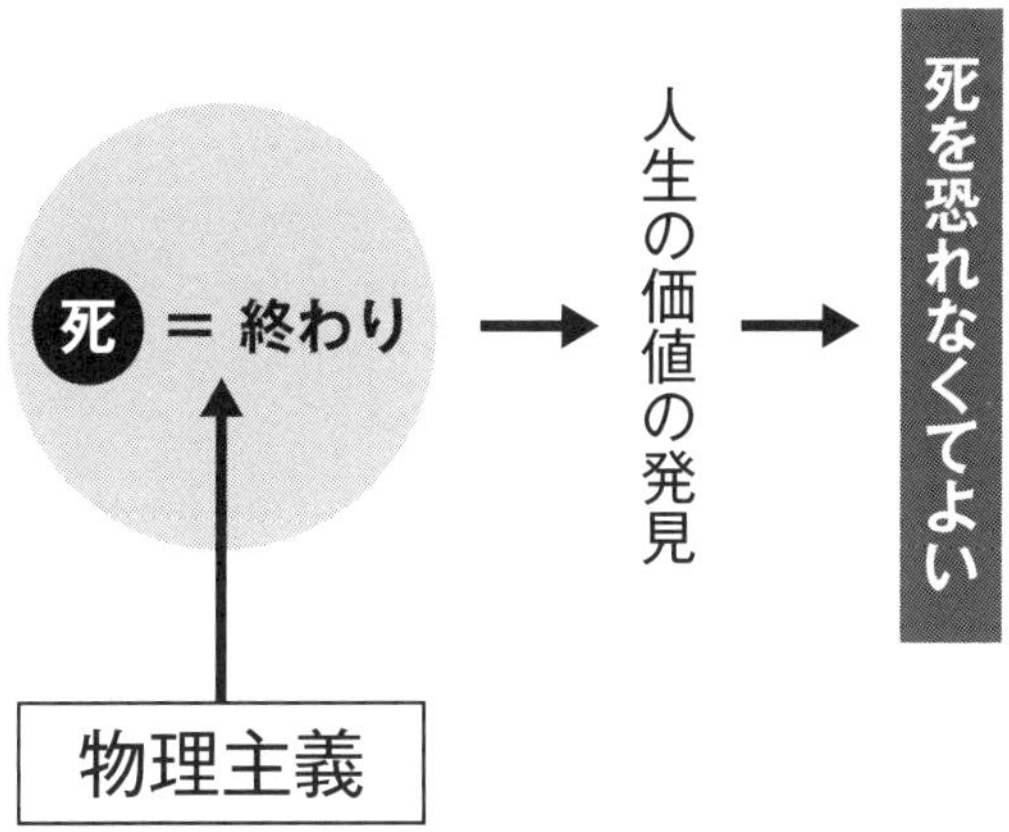

毎日の生活を大事にしていきたいところです。

要するに、不必要に死を恐れずに過ごすべきなのですが、いったい、どのようにすれば私たちは死を恐れずに日常を過ごすことができるのでしょうか。

論理的には死を恐れる必要はない

アメリカの名門エール大学で行われている、哲学者シェリー・ケーガンによる「死」をテーマにした講義は、20年以上にわたって人気講義の地位を獲得していますが、書籍化され日本でも翻訳出版されているので、ご存じの方も多いと思います。

論理的に死を考えれば、恐れる必要はまったくないものであるとケーガンは喝破します。

彼自身は、死後に魂が生き続けるとは考えておらず、死後にはすべてが消滅するという物理主義という立場を擁護しています。つまり、人間とは人としての機能を果たすだけの存在で、永遠に存在する魂や霊魂の要素はまったくないので、死によって人は無に帰すというわけです。でも、だからこそ死ぬまでの時間が大事なのです。

むしろケーガンは、いかに生きるかという点を重視しています。

もし、あなたが「これだけは死んでも絶対にやり遂げる」というような「目的」を持って生きていれば、その目的を達するまでの間、死を過剰に意識したり、恐れたりすることはないはずです。そうした生き方を送るということは、つまりは死を恐れずに生きるというのと同じではないかと彼は考えます。

たしかに明確な人生の目的を持つということは、それによって生きる意味を確認することができるという意味でも、最も価値ある生き方ともいえるでしょう。

一方で、ケーガンはただ長く生きることを幸せだとは考えません。ただ生きることだけが人生において重要なことではないと彼は考えます。人生とは長さを競うものではなく、質も問われます。

そして、人生の質とは、自分自身にとってその人生が価値あるものであったかどうか、その人生を生きる自分自身によって判断するものにほかなりません。

少し前のことになりますが、「100日後に死ぬワニ」という4コマ漫画がネット上で話題になりました。平凡な日常を生きるワニの姿が描かれているだけの漫画なのですが、なぜ人々の共感を呼んだのでしょうか。

この漫画はタイトルを見れば分かるように、当のワニが100日後に死ぬことが読者には分かっているという趣向になっています。それゆえ、平凡な日常の1コマが、不思議と魅力的に見えてくるのです。

コロナの蔓延によって「生」が死と隣り合わせであることを意識した私たちは、今やれることをやり切るということの意義をあらためて実感しているのではないでしょうか。

生きるということは、決して死と離れてあるということではなく、むしろ死と隣り合わせに存在するということなのです。

とするならば、コロナによって死の不安を実感するようなときは、自分が本当にしたいことを今一度見つめ直してみてはいかがでしょうか。それが死の恐怖から逃れる唯一の道だと思います。

Philosoper

シェリー・ケーガン（1956年〜）

アメリカの哲学者。道徳・哲学・倫理の専門家として知られ、「死」をテーマにしたエール大学での講義は、同大学で20年以上人気を博している。著書に『道徳性の限界』（未邦訳）などがある。

お勧めの本

シェリー・ケーガン著『「死」とは何か』（文響社）

人はなぜ自分をコントロールできないのか

私はいわゆる「高齢ひきこもり」。40歳を超えていますが、無職で、両親と実家で暮らしています。

私は小さい頃から「切れやすい」人間でした。

中学校の時に同級生とケンカしてしまいました。最初はただの口げんかだったので

すが、徐々にエスカレートし、相手の言葉にカッとなったあげく、教室にあった椅子を持ち上げ、力任せに投げつけてしまいました。当たりどころも悪かったのか、彼は左足骨折という重傷を負ってしまい、その後私はいわゆる問題児童として短期間ですが施設のお世話になったこともあります。そのカッとなる癖が未だになおりません。

両親に口うるさく小言を言われると、ついカッとなってしまい、家の壁や襖に当たって壊したりしてしまいます。

「京アニ放火事件」は、とても他人事と思えませんでした。

私が40を過ぎてひきこもっていることは、近所では有名です。事件の報道をうけて、隣近所では「私がいずれ事件を起こすのではないか」とうわさしているそうです。

近所の心配も理解できなくはありませんが、そういう噂を立てられていると思うと、またつい「カッと」なってしまうのです。

どうすれば自分の感情をコントロールできるようになるでしょうか。

また、他人に迷惑をかけずに、「怒りのはけ口」を見つける良い手段があれば、ぜひ教えていただきたいと思います。

相談者より

カッとなってモノや人に当たってしまう。そんな経験の一つや二つは誰しもが持っていると思います。怒っている間は我を忘れていますが、その後だんだんと怒りが冷め、やがて冷静になります。そうして怒りをコントロールできない自分に気づくと、怒っていたことを後悔してしまうものです。

とはいえ、怒りを抱くのは人間の本能ですから、怒り自体を悪いことだと考えたり、また怒りの感情自体を取り除いたりする必要はありません。別に怒ってもよいのです。大切なのは、感情をコントロールすることです。

実はこの考え方は、近代的な感情論の祖である、フランスの哲学者デカルトが説いていることです。

デカルトといえば、「我思う、ゆえに我あり」というフレーズがよく知られています。つまり彼は、人間のモノを考える能力を重視した哲学者です。そのデカルトが、実は近代感情論の祖とも呼ばれていることは、あまり知られていません。

デカルトの「アンガーマネジメント」

デカルトは著書『情念論』の中で、感情について詳しく考察しています。

「怒り」とは、感謝の正反対の感情であるとデカルトはまず指摘し、そのうえで、怒りにかられやすい人、怒りをコントロールできない人は、最も高慢で、最も弱い精神の人たちだ、としています。

なぜでしょうか？　高慢とは要するにうぬぼれのことです。うぬぼれとは「自分を過大評価し、自分のことばかり重要視する」ことです。

自分を過大評価し、重要視していると当然、他人からなにか被害、損害を受けた場合、それも過大評価してしまいます。ちょっとのことなのにものすごくカッとしてしまい、その被害、損害への反発としての怒りもまた、それに応じて大きく拡大されてしまうというわけです。

では、どうやってこの状態から抜けだし、怒りをコントロールすべきでしょうか。

そこでデカルトは、高慢の反対である高邁《こうまい》の状態こそ、過剰な怒りをコントロールするための最良の治療法だとさとしています。

高邁とは謙虚な心のことです。謙虚な人は常に自分のことを過大評価せず、むしろ過小に評価しています。それゆえ、他人から被害、損害を受けた場合でも、その被害を過大視することがありません。

カッとなった時の私たちは周りが見えておらず、自分のことしか考えていないのです。相手に対して攻撃的になってしまうのは、それも一つの原因だと考えられます。

もし周りが見えていれば、相手の立場を理解する心の余裕がうまれ、事態を客観的、冷静に分析できるかもしれません。心をその状態に保ち、いつでも自分の周りに配慮するためには、自分自身にしか関心がない「高慢」な状態ではダメです。その逆で自分自身を過小に評価する謙虚な状態、「高邁」である必要があります。

はけ口を探し、怒りをぶつければ、一時的にはそれで気持ちが楽になるかもしれません。ですが、すぐカッとなってしまう根本的な原因をとりのぞいたわけではないので、いずれまたカッとなってしまうでしょう。

カッとなりそうでも、一度自分が置かれた状況や立場を見つめ直し、できるだけ謙虚になろうと努力してみると、怒りを感じていた相手に対しても、感謝できる点や、良いと思える点の一つや二つは必ず見つかるものです。

それが見つかりさえすれば、怒りはきっと和らぐでしょう。

Philosoper
ルネ・デカルト（1596～1650年）

フランスの哲学者。すべてを一度疑ってみる「方法的懐疑」の結果、どうあっても疑うことができないのは自分の意識だけであると主張。「我思う、ゆえに我あり」という言葉で有名。また、人間の知識は生まれながらに備わっている「生得観念」に基づくとする大陸合理論の創始者としても知られる。著書に『方法序説』『情念論』などがある。

お勧めの本
小林道夫著『デカルト入門』（ちくま新書）

他者はなぜ大事にしなければならないのか

42歳の息子と同居しています。
息子は新卒で塾の講師を2年ほど勤めた後は仕事に就かず、ひきこもっています。
最近、かつての教え子に対していわゆる「つきまとい行為」を行ったらしく、その

親御さんが警察に被害届を出し、ストーカー規制法によって警察から事情を聴かれたそうです。

家でもちょっとしたことで激高して私や妻に暴力を振るったり、突然落ちこんで部屋に閉じこもったりするので、妻ともども私も振り回されています。

息子が何を考えているのか私には理解ができず、何をしでかすか分からないという不安におびえています。最近では危険人物ではないかと思うようになりました。

元農水省の事務次官が息子を殺害した事件がありましたが、あの事件のことが頭から離れません。いずれ私も同じように、息子に危害を加えたり、殺してしまうのではないかと恐れています。

相談者より

前にも触れたように、ひきこもり自体は悪ではないと思います。しかし、社会から隔離された世界で長く生活していると、人間らしく生きるために必要なあらゆる感覚がマヒしてくるのも確かです。私自身、20代後半をほぼひきこもり状態で過ごしていたので、よく分かります。

問題は、そうした「感覚のマヒ」が何らかの反社会的な行動に表れてしまうことです。冒頭のケースでは、息子さんの行動は警察が出動するほどに悪化しています。

おそらく息子さんのほうでも人なみに寂しいという気持ちがあり、人恋しさのあまりに異常行動をとってしまうのではないでしょうか。他人とうまくコミュニケーションをとる手段を息子さんが失ってしまった結果、こうした状況が起きているのだと思います。

かつて私がひきこもっていた時には、自宅を訪れた訪問販売員の男性を家に引き込んで、一緒にギターを弾くという行動があったことを記憶しています。ちょっと考えれば異常な行動に見えると思いますが、友人から指摘されるまで、当時は異常だと思いもしませんでした。

私の場合は幸いにも犯罪には発展しませんでしたが、ひきこもり生活は長期にわたりましたので、問題行動を起こすかどうかは時間の問題だったのかもしれません。

そうした問題に発展させないためには、周囲にいる人、この場合は親御さんが、手を差し伸べる必要があるでしょう。参考になるのは、フランスの哲学者レヴィナスの倫理の概念です。

「人は他者を尊重しなければならない」が倫理の基本

レヴィナスは、人間誰しもが他者に対する無限の責任を負っていると言います。いわば我々は自分以外の他者すべてに「借り」があるというわけです。その他者に対して我々が何一つ悪いことをしていなくても、他者への責任に報いる必要があるのです。

自分と他者は対等な関係ではありません。むしろ、他者は常に自分に優越する存在なのです。人間関係はこうした非対称な関係によって成り立っており、レヴィナスはその関係を倫理と呼びます。

人は自分の力だけで、この世に存在できているわけではありません。自分が今ここに生きているというだけでも、他者に負うものがたくさんあります。だから人間は常に他者に対して責任がある、とレヴィナスは考えました。

冒頭の話に戻りますと、相談者にとって、息子さんは他者にあたるわけで、その時点で息子さんに対する責任があると言えると思います。ましてご自分の息子さんなのですから、より一層重い責任を負っていると考えるべきです。その責任を自覚されるからこそ、息子さんが犯罪を犯す前に、ご自身が何かをしなければならないと考えることは、きっと正しいことだと思います。

でも、相談者としては、息子さんが問題行動を取り、犯罪者となって不幸になることを止めることが先決であって、他人に迷惑をかける前に息子さんを殺してしまうことではないと思います。

それは問題から目を背けるのに等しい行為です。

レヴィナスは、他者に向き合うためには、その顔を見るように説きました。人間の顔は一人ひとり異なると同時に、個性を示すものであり、また喜びや悲しみといったさまざまな感情を訴えるものでもあります。顔を前にすれば、相手を殺してやろうなどとは思えなくなるのです。

相談者も息子さんの顔、そして心の叫びに、今一度向き合っていただきたいと思います。他者に迷惑をかけないために、別の他者である息子さんを殺すことは倫理的ではありません。

また肉親としてなによりも息子さんの幸福を願うことこそ、親の責任ではないでしょうか。

Philosoper

エマニュエル・レヴィナス（1906〜1995年）

リトアニア出身のユダヤ系哲学者。亡命先のフランスで活躍。ナチスに捕えられた経験から、他者の存在を尊重すること、とりわけ一人ひとり異なる他者の「顔」に着目し、他者に対する非対称な関係＝倫理を唱えた。著書に『全体性と無限』『実存から実存者へ』などがある。

お勧めの本

熊野純彦著『レヴィナス入門』（ちくま新書）

なぜ人は不満を感じるのか

私が若かった頃は、子供が病気という理由で会社を休むなんてとても許されませんでした。本当に子供が病気でどうしても休まなければならない時は、自分が病気になったということにして休んだものです。

時代が変わり、今では育児に対して職場が寛容になったと感じます。

それ自体はとても良いことだと思うのですが、それに比べて、自分たちの世代は損をしたなと感じて悔しくなることがあります。

後輩たちが子供の病気を理由に堂々と仕事を休んでいるのを見ると、うらやましいを通り越し、つい腹立たしく感じてしまいます。

相談者より

私が最初に就職したのは総合商社でした。当時はいわゆる体育会系のノリが強く、大事な仕事がある時、体調が悪いと私が言うと、先輩から「這ってでも会社に来い」と言われました。

ところが最近、同じ会社の若い社員の人たちと話す機会があったのですが、私が在籍していた当時と雰囲気がまったく違っているそうで、あまりの変化に驚きました。働き方改革の影響で、誰もが自由に休みをとれるようになっているのだそうです。

相談者は「若い世代に比べて自分の世代は損をしている」と感じるようですが、人間ですから、時には嫉妬することもあるでしょう。でも、本当に若い世代のほうが得をしているのでしょうか。相談者の世代は本当に損をしているのでしょうか。

「足るを知る」老子の哲学

人生にはいいことも悪いこともあるものですが、人間は往々にして悪いことばかりを思い出してしまいがちです。そこで参考になるのが老子の「足るを知る」という思想です。

よく誤解されるのですが、これは決して満足するハードルを下げて我慢せよとか、妥協せよという意味ではありません。「満ち足りていること」に目を向けましょう、ということなのです。

今自分に足りていないところ、他人と比べて劣っているところに目を向けると、人は無駄な悪あがきをしてしまいます。その結果、望みをかなえられずに嫉妬したり、不幸になったりするの

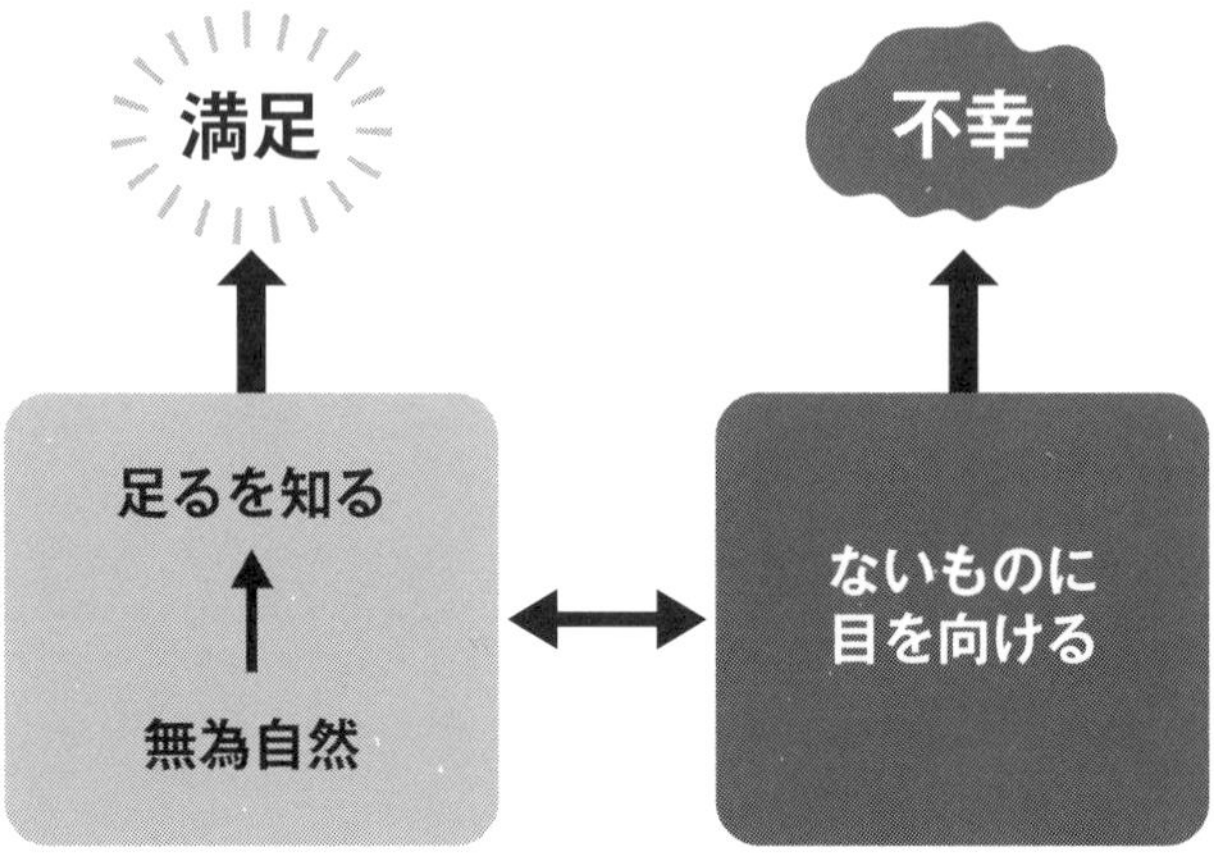

です。

ところが、すでに自分にあるものに目を向ければ、不満に感じることはなく、幸せになれます。これは老子の思想の核心でもあります。何もせずに自然に身を委ねるほうが意外とうまくいく、という無為自然の思想こそ、老子の真骨頂です。

「足るを知る」は、そんな無為自然の思想から帰結する考え方です。

この真理は相談者の過去だけでなく、今の状況にも妥当します。自分の世代の扱われ方にはつい不満を抱いてしまいがちですが、発想を変えてみることをお勧めします。

若い世代と比べれば不満に思ってしまうかもしれませんが、もっと大昔に比べれば、相談者の世代は恵まれていたとも言えると思います。目の向け方、考え方を変えるだけで、自分には足りているものがたくさんあることに気づけるはずです。

自分が結構恵まれていることに気づくと、先輩世代があなたを嫉妬していたことにも、もしかすると気づけるかもしれませんよ。

Philosoper

老子（生没年不詳）

中国の春秋戦国時代の思想家。道家の始祖。儒家のライバルとして、何もしないほうがいいとする無為自然を説いた。著書に『老子』がある。

お勧めの本

老子著『老子』（岩波文庫）

時には課題から逃げることも必要

自分の上司が早期退職の対象になりました。自主的に退職したというより、人事から退職するよう勧告を受けて退職したので、いわゆる「肩たたき」にあったということになります。

私は早期退職を迫られるような年齢ではありませんが、長いあいだ会社に貢献してきた上司が、何度も何度も会社側から呼び出しを受け、退職を迫られたことを思うと、この会社に長く勤務したところで、いずれは私も同じような目にあうのだろう、と思えてなりません。

今の会社で働きつづけることが不安ですが、すぐ転職先を見つける自信もなく、今のところはこれまでと同じように振る舞っています。

会社はあくまで、今回の早期退職制度は今回限りの施策で、業績が安定すれば撤回すると説明しています。ただ、会社の説明を言葉通りに信じることはできません。

また、不安を抱えたままずっと今の職場にいつづけることは難しいと思っています。思い切って転職したほうがよいでしょうか。 相談者より

早期退職の勧告を受ける中高年の人が増えているそうです。資産があって老後の心配がない人や、次の仕事を以前から探していた人を除けば、急に退職を迫られても困るでしょう。大抵の人は多少待遇が悪くなろうが、そのまま働き続けるしかないことが多いと思います。

会社の将来が心配でも、当面は現状維持戦略を採用するのが当然です。相談者もまずは現状維持を最優先に考えておられると思います。

当面は現状を維持して働き続けるにしても、将来のことを考えると、先に転職してしまうほうが良さそうに見えると思いますが、果たしてそれで本当にいいのでしょうか。生活がかかっているので、なかなか難しい問題だとは思いますが、何に基づいて判断すればいいかが見えてくると、考えやすくなります。

「心配しすぎ」は生産性を下げる

そこで参考になるのが、フランスの哲学者パスカルが著書『パンセ』に記している次の言葉です。

「われわれは絶壁が見えないようにするために、何か目を遮るものを前方に置いた後、安心して絶壁のほうへ走っているのである」

これは人間の愚かさを皮肉っているようにも聞こえますが、決してそれだけではないと思います。人間は不安から逃れるため、現実に存在している脅威や問題から目をそらしているように見える場合があります。しかし、それは生きるための知恵でもあるのです。

なぜなら、不安から目をそらそうとする人間の行動には、ポジティブな意味もあると考えられるからです。

冒頭の質問におけるリストラ問題のように、不安に感じる問題を解決できる方法が分かっていれば、誰だってその方法を試すでしょう。ただ現実には解決が簡単ではない問題、解決できない問題がたくさんあります。冒頭のリストラの件も、一社員の立場で解決できる問題ではないでしょう。

そうした問題に直面した場合、その問題を直視しても、将来を変えることはできません。問題を解決できないわけですから。にもかかわらず、徹底的に問題を直視して生きていくことが本当に正しいのでしょうか。

必ずしもそうとは言えないと思います。人間は生き続けなければいけないのですから。解決不能な問題を直視して不安になり、他の問題に影響が出てしまうよりは、一旦そうした問題を見ないようにして、走り続けたほうが結果的には良いということがあり得ます。

第一、心配事というのは将来のことですから、そうそう実際に起こるものではありません。心配した結果杞憂に終わった、途中で事情が変わった、ということは多々あります。

ならば今できること、今やるべきことを粛々とやった方が、不安にならない分、良い結果につながるのではないでしょうか。

相談者の場合、まだお若いのですから、リストラ対象になるとしても当分先の話だと思います。だとするならば、一旦その不安には「壁を置いて」見ないようにして、目の前の仕事に集中してみてはいかがでしょうか。そうと決めたら、あとは走り続けるのみです。

Philosoper
ブレーズ・パスカル（1623~1662年）

フランスの哲学者、科学者。人間の生き方をエッセー風に表現したモラリストの代表的思想家。「人間は考える葦である」という言葉で有名。著書に『パンセ』などがある。

お勧めの本

パスカル著『パンセ』（中公文庫）

本当に幸せな生活とは？

テレワークでずっと家にいるせいか、毎日代わり映えしない生活が続いていて、嫌になります。自宅にいる時間を使って勉強したり、楽器などを始める人もいるそうですが、お金の余裕もないので私には無理です。かといって外出する機会も減らさざるを得ないので、毎日が退屈です。諦めるしかないのでしょうか。

相談者より

たしかに刺激のない日々が続きますね。自分が元気であればあるほど、心は刺激を求めているのに、それを実現することができなくてフラストレーションを抱えてしまう、というのが今の状況です。

でも、よくよく考えてみると、コロナが蔓延する中でも元気でいられるのは素晴らしいことではないでしょうか。

私たちは、とかく平凡な日常のよさを忘れがちなのです。アメリカの哲学者エリック・ホッファーは、よいことも悪いことも含めて、まったく何も起こらないのは非常に運がいいことだと言っています。

「苦労人」エリック・ホッファーの幸福論

彼はある日突然腕に痛みを感じたのですが、その時この事実に気づいたそうです。

病気やけがをして初めて、平凡ではあるが健康だった日常に感謝するということがあります。でも、多少腕が痛んだ程度のことで、そこまで洞察することは普通ないでしょう。だから私たちは、毎日退屈だと、そのありがたさを理解できず、つい愚痴をこぼしてしまうのです。

ところがホッファーは苦労人なので、ちょっとしたことで平凡な生活のありがたさを思い出すことができたのだと思います。

彼は7歳で失明し、18歳で天涯孤独となり、28歳で自殺未遂をし、その後、日雇い労働者として放浪生活を送りながら、独学で偉大な哲学者になった人物です。だからこそ、平凡な日々のありがたさに敏感だったのでしょう。

現にホッファーの日常はとても平凡なものでした。

「1日2回のおいしい食事、煙草、私の関心をひく本、少々の著述を毎日。これが、私にとっては生活のすべてである」

彼はそう言っています。

人生はいつ何が起こるか分かりません。ホッファーほどでないにしても、いつなんどき不幸に見舞われるか分からないのです。そう思うと、刺激のない日々も幸せに感じられるのではないでしょうか。

大切なのは、平凡のありがたさに気づくためのきっかけだと思います。そのきっかけになるような一種の儀式を、毎日の生活に取り入れるようにしてはいかがでしょうか。

たとえば、誰しも苦しい時期があったと思いますが、そのころの写真を毎日見るようにするとか、逆にこれから訪れるかもしれない苦しい状況を想像してみるとか、そうした工夫によって平凡な生活のありがたさに気づく「きっかけ」を作れるのではないかと思います。
これはいざ自分に不幸が襲い掛かった時の心の準備にもなると思います。

Philosoper

エリック・ホッファー（1902〜1983年）

アメリカの哲学者。独学で哲学を学んだ。港湾労働をしながら思索を続けたため沖仲士の哲学者とも呼ばれる。著書に『波止場日記』など。

一生幸福でいられる方法はあるのか

「自己肯定感が低いタイプです。
何をやってもどうせ自分はダメだとつい思ってしまいがちです。
実際、これまでの人生で成功体験と言えるものがあまりありません。」

「人生が嫌になっています。自分の何が悪いのでしょうか？　相談者より」

何事もうまくいかないと感じているということですが、実際のところ、何が悪いのでしょうか。自分に能力がないせいなのか、それとも環境が悪いせいなのか。それすらはっきりとは分からないということもあるかもしれません。

うまくいかない状態がずっと続いていると、人生が不幸に思えてもくるでしょう。でも、解決法はあります。

ここで参考になるのは、ハンガリー出身の思想家ミハイ・チクセントミハイの「フロー体験」という考え方です。彼は戦争で家族を失った経験を持っています。そのことから、幸せな人生を送るにはどうすればよいのかを考え続けました。その結果、人が幸せを感じる条件を見いだしたのです。

自己肯定感を高める「フロー体験」

簡単に言うと、幸福な人生を送るための条件とは「自己肯定感を持ち続けられる状態を維持すること」でした。

自己肯定感を持つためには、チャレンジとスキルのバランスがとれた状態を保つ必要があります。難しいことや新しいことには誰もがチャレンジしたくなるものですが、それは人生を切り開くための布石になり得ます。

ところが、今の自分のスキルに比して難しすぎるチャレンジをしてしまうと、挫折してしまいます。その結果、自分はダメだと思って自己肯定感を得られなくなってしまうのです。

したがって、自分が絶対にできることと、できないかもしれないことの境界線を常に明確に見極める必要があります。

自分の能力でできるギリギリのところを目指していれば、人は常に達成感や自己肯定感を得られるので、ずっと幸せでいられるのです。

頑張ればできる、という課題に直面している時、人は没頭することができます。その行為に全身全霊を傾けていれば、余計なことが気にならなくなるどころか、むしろ努力の過程を楽しむことさえできます。こうした状態こそ、チクセントミハイの言う「フロー体験」、あるいは「最適経験」にほかなりません。

たしかに、自分の身の丈に合った課題に取り組んでいる人は、使命感に燃えているように見えます。そうした時には多少の失敗があっても落ち込んだりしないものです。
どうしても乗り越えられない課題に直面したときの挫折感と、多少前向きな失敗をすることは、180度異なる体験と言えます。だから幸せでいられるのです。
相談者が自己肯定感を得られないのは、もしかするといつも自分に課しているチャレンジが難しすぎるのかもしれません。
チャレンジとスキルのバランスを一度見直してみてはいかがでしょうか。人は得てして高いハードルを設定しがちですが、それが良いこととは限らないのです。

Philosoper

ミハイ・チクセントミハイ（1934年〜）

ハンガリー出身のアメリカの心理学者。幸福について研究している。フローの概念を提唱したことで知られる。著書に『クリエイティヴィティ』（世界思想社）などがある。

お勧めの本

チクセントミハイ著『フロー体験入門』（世界思想社）

第4章

結果を出すための「お金の哲学」

なぜ「話が分かりにくい」のか

上司とうまくコミュニケーションをとれなくて悩んでいます。仕事の指示を明確に伝えてくれないので、こちらは推測で補って行動するしかないのですが、彼の意図と違っていることも多く、そういう時にはトラブルになりがちです。いったいどうすればいいのでしょうか。

相談者より

「役職の高い人ほど話が分かりにくい」というケースは結構ありますよね。

「一を聞いて十を知る」ような優秀な人は、「一」しか言葉にしてくれなかったりします。これで理解できるはずだと思っているのですが、聞いている方は、少ない語彙から相手が言わんとしていることを推測しなければなりません。

あまり聞き返すのも悪いかなと、つい考えがちな日本人の謙虚な性格も災いするのか、日本のビジネス現場では得てしてこういうトラブルが頻発します。

言葉というのは厄介なもので、同じ言葉でも文脈によって意味が変わってしまうのですが、そのことを明確に指摘したのは、哲学者の中ではウィトゲンシュタインが最初でした。

だから彼は、後に言語哲学に大きな影響を与えることになったのです。

言葉は「生きもの」である

言葉に関してウィトゲンシュタインが提起したのは、「言語ゲーム」という概念でした。

つまり、言語はそれ単体では意味が確定するものではなく、私たちは日常の中で言葉をゲームのようにやり取りする中で、その意味を確定していくということです。したがって、言語ゲームとは「生活形式」であるということができます。

それは彼自身、次のように言っていることからも明らかです。

「ここで『言語ゲーム』という言葉を使ったのは、言葉を話すということが、一つの活動や生活形式の一部であることを、はっきりさせるためなのだ」と。

「言語ゲーム」が「生活形式」である以上、言葉の意味を理解するためには、生活そのものを文脈として正しく読まなければなりません。

具体的には、その言葉がやり取りされる状況をよく観察するということが必要になるでしょう。八百屋で「リンゴ5つ」と言うだけで、ちゃんとリンゴを5つ購入するという意図が伝わるのは、八百屋の店頭という状況があるからです。

言葉なんて音だけ聞けば、あるいは字面だけ見れば理解できると思われがちですが、むしろそれが使われる状況、現場の観察こそが大事なのです。言葉のコミュニケーションが苦手な人にとっては、こういう点こそ厄介に感じるのかもしれません。

でも、言葉とは状況に応じて意味を変化させる「生きもの」なのですから、この点をいい加減にすると、違う意味に解釈してしまい、トラブルにつながります。

相談者も上司の言葉を正しく理解するためには、その人が日ごろからどんなふうにその言葉を使っているのか、よく観察してみることをお勧めします。

Philosoper

ルートヴィヒ・ウィトゲンシュタイン（1889〜1951年）

オーストリア出身の哲学者。哲学は言葉の分析にすぎないとする前期思想と、むしろ言葉の意味は文脈により確定するとした後期思想に分けられる。著書に『哲学探究』など。

お勧めの本

大谷弘著『ウィトゲンシュタイン　明確化の哲学』（青土社）

「スマート」より「ローテク」のほうが意外と結果が出るワケ

パソコンやスマホを使いこなせなくて悩んでいます。上司なのにこんなこともできないのかと言われそうで、社内の人間に質問することもできないままです。いまのところは秘書がこっそりサポートしてくれていますが、それをいつまでも続けるわけにもいかないでしょうし、困っています。どうすればよいでしょうか。

相談者より

物心ついた時からスマホやパソコンが周りにあるデジタル・ネイティブ世代とは違い、シニアの方々にはまだまだデジタル機器のハードルは高いようです。技術の進歩は日進月歩のため、ついて行くのはたしかに大変な時代です。

ですが現実問題として、コロナの影響もあってオフィスではDX（デジタル・トランスフォーメーション）の大きな流れが起こっていますので、もはやできないでは済まされなくなってきました。

そんな今、デジタルが苦手な人はどうすればよいのでしょうか。

一つの考え方としては、社会人向けのリカレント教育など学び直しの機会を活用して、必死に勉強することでＩＴの進化にキャッチアップするという選択肢があると思います。

たとえ還暦前後の年齢であっても、基本的なことなら勉強を始めるのに遅くはないのかもしれません。ただ、今からプログラマーレベルの知識を身につけるのはさすがに困難な年齢ではあると思います。

逆に、もう一つ別の考え方をしてみるという手もあると思います。いっそＩＴとは対極にある仕事のやり方を徹底してみてはいかがでしょうか。参考になるのはレヴィ＝ストロースの『野生の思考』という書物です。

レヴィ＝ストロースの「野生の思考」

レヴィ＝ストロースは20世紀のフランスで活躍した文化人類学者で、南米などの奥地に暮らす部族を、フィールドワークによって調査し、その知見をもとに思想を展開しました。

そうしてレヴィ＝ストロースは、いわゆる「未開人」の思考法に着目しました。彼らの思考法を「野生の思考」と名付け、その思考法が見かけ以上に強靭《きょうじん》で、西洋の思考法にはない利点に満ちていることを発見したのです。

「未開人」と呼ばれていた部族の人々は、西洋人よりも粗野だとか、単純な思考しかできないというわけではなく、思考の方法や発想の仕方が異なるだけだったのです。

たとえば、動植物の分類に関して、近代科学を知っている私たちは（遺伝子の違いなどの）生物の構造や機能、持っている性質など、要するに「位置づけ」「意味」などの「中身」の違いを基準に分類しています。

これに対して、未開人は主に「外見」の違いで分類しており、レヴィ＝ストロースはこれを「トーテム的分類」と呼んでいます。

これはあくまで基本的な発想の違いであって、どちらが進んでいるとか遅れているとかいう話ではありません。近代科学の大きな特徴として、言語的あるいは数学的な論理によって構築されているという点が挙げられますが、その意味で近代科学とは、概念的でかつ理性的とも言えます。だとすると未開人たちの「野生の思考」は、近代科学とは異なり、外見に着目したり、「見て分かる」という要素を重視しているにすぎず、その意味で記号的かつ感性的な思考法なのです。

2つの思考法の間の違いは、どちらがより発達しているかという点にはありません。あくまで思考の仕組み、構造が違うだけです。

さて、相談者はＩＴが苦手ということでしたが、必ずしも苦手なＩＴで勝負する必要はないと思います。ＩＴが概念的で、理性的なツールだとすると、仕事の中には、記号的でかつ感性的な仕事もたくさんあります。ＩＴを使わないかわりに、そうした記号的、感性的な仕事の方法を追求してはいかがでしょうか。

パソコンやスマホを使わずに、あえて画用紙に手書きで描いた資料を使うとか、パワーポイントの朗読ではなく、その場の即興でうまく説明してみせるとか、やり方次第では逆にインパクトを出せると思います。

もちろん、パソコンを使わなければならない場合も多々あるかと思いますので、最小限のことはできるようになったほうがいいとは思います。でも、そこは他のできる人を見つけて、その人に委ねるのも、ある意味「野生の思考」的なうまいやり方かもしれません。

実はこの「やり方次第でうまくやれる」「工夫してより良い方法を見つけ出す」という仕事の仕方を、レヴィ＝ストロースは「ブリコラージュ」と呼んでいます。

「ブリコラージュ」とは、「器用仕事」などとも訳されていますが、その場その場で、あり合わせの材料を使って必要なものを作り上げるような仕事のことです。

お金や技術、人員がなくとも、仮にその場しのぎではあっても、なんとか課題を解決するようなうまいやり方を見つけだすというのは、なかなかクリエイティブな能力であり、強靭な仕事のやり方だと言えるのではないでしょうか。

最も大事なことは、仕事において「成果」を出すことのはずです。なにもスマートなやり方でなくとも、「成果」が出るならいいではありませんか。むしろ、よりワイルドにいきましょう！

Philosoper

クロード・レヴィ＝ストロース（1908〜2009年）

フランスの文化人類学者。未開社会を構造的に見ることで、その中に高度な文明を見いだした。そこから物事を構造の中でとらえるべきとする構造主義を唱え、西洋近代の優位性をくつがえすことに成功。著書に『悲しき熱帯』『野生の思考』など。

お勧めの本
小田亮著『レヴィ＝ストロース入門』（ちくま新書）

「勉強は役に立たない」は本当なのか

変化の激しい現代社会で生き残っていくためにはスキルアップが必要だとよく言われます。

これまで私も英会話や各種資格試験の勉強に挑戦してみましたが、どれも途中で挫折してしまいました。

最初はモチベーション高く勉強しているのですが、いつも途中で努力をしたところで何も変わりはしないのに、なぜこんなことをしているのだろう、という気持ちに

なってしまうのです。
途中で諦める癖があるのは自分でも残念に思っています。
どんなことでも諦めず最後までやり遂げるための方法は何かあるでしょうか。

相談者より

スキルアップのための勉強は長続きしないものです。最初はやる気満々でも、やがて投げ出す言い訳を探し始めるのが普通です。そうした時の「言い訳」の中でも、自分に対して一番説得力があるのが、「努力をしても意味がない、ムダだ」というものではないでしょうか。

ただ、本当に「努力はムダ」になるのでしょうか。そこで参考になるのが、「プラグマティズム」です。とりわけジョン・デューイの概念が役に立ちます。

プラグマティズムとは、ギリシャ語で行為や実践を意味するプラグマという語に由来する思想で、主にアメリカで発展してきました。

通常日本では「プラグマティズム」で通っていますが、強いて訳せば「実用主義」です。分かりやすく表現すると、「結果的にうまくいけば、方法も正しかった」と考える思想だと言っていいでしょう。それだけ聞いただけでも、いかにもアメリカ的な発想に感じないでしょうか。

未開の大陸を開拓して発展したアメリカでは、抽象的な原理原則の議論よりも、結果こそが大事だったのかもしれません。

アップルの創業者、故スティーブ・ジョブズはプラグマティズムの体現者のように言われることがあるのですが、そこにはきっとそうしたアメリカの歴史が関係しているのだと思います。スティーブ・ジョブズも何もないところから試行錯誤の末、Mac や iPhone などの発明品を生み出したのですから。

どこかで必ず役に立つのが知識

そうした実践的思想であるプラグマティズムを完成させた人物が、デューイです。

デューイは、日常を豊かにすることを哲学の目的に据えました。思想や知識などは、それ自体に目的や価値があるのではなく、人間が環境に対応していくための手段であり、人間の行動に役立つ道具としてとらえられています。この思想を道具主義と呼びます。

さて、相談者がスキルアップのための勉強を、ムダな気がして途中で放棄してしまうのは、もしかするとその勉強で得られる知識を、単なる知識と見なしているからかもしれません。

つまり心のどこかで、知的好奇心を満たしてくれるものの、仕事の役には立たない知識だと考えているのではないでしょうか。そう考えるよりむしろ、どんな知識であっても、なんらかの形で必ず仕事の役に立つ「道具」だととらえてみてはいかがでしょうか。

まったく何の役にも立たない知識などというものはおそらくないでしょう。一見そうは思えないような知識であっても、役に立つことが必ずあります。算数や歴史だって、役に立つことが必ずあるから、子供たちに教えているのです。

たしかに子どもの頃は、算数や歴史を勉強させられて、こんな勉強していったいなんの役に立つんだろうと思っていたことでしょう。でも、大人になれば大抵の人は算数や歴史を子供のうちに勉強しておいて良かったと感じます。

スキルアップのための勉強についても、同じことが言えるのではないでしょうか。その勉強をしている最中は、これが何の役に立つのかいまいちピンときませんが、あとで必ず勉強しておいて良かったと感じるタイミングが来るのです。

要は、スキルアップの勉強を継続するために、そういう物の見方ができるかどうかです。

そうして知識が道具だと分かると、やり遂げることだけが目標ではなくなります。毎日の知識の習得こそが目的なのです。そう思ってやっていると、結果としてやり遂げられるはずです。

Philosoper

ジョン・デューイ（1859〜1952年）

アメリカの哲学者。プラグマティズムの立場から道具主義を唱える。その道具主義に基づいた問題解決型の教育論でも有名。著書に『学校と社会』『哲学の改造』などがある。

お勧めの本

伊藤邦武著『プラグマティズム入門』（ちくま新書）

信頼は「お金で買える」のか

どこの会社にもある習慣として、出張に行った際に、同僚におみやげを買って帰ることになっています。このおみやげの習慣が苦痛です。買ってきたおみやげがあまりに安っぽかったり、おいしくなかったり、センスが悪かったりすると、その点を指摘されたりするのが納得いきません。おみやげをもらう側なんだから、あまりわがままを言わないでほしいと思ってしまいます。

そもそも、出張に行くのは会社の命令で、好きで旅行するわけではありません。それに、旅行前に餞別をもらっているわけではないので、おみやげ代は完全に自腹なのも腹立たしいです。

経費節減で現地の用事が終わったら日帰り、という出張も多いので、おみやげを探す時間自体も無駄に感じてしまいます。

ですが、おみやげを買わずに帰社すると、同僚から文句を言われたりして、果ては自分の人事評価に影響しそうに思うので、結局なるべく購入して帰っています。せめておみやげを買って帰るかどうかが人事評価に影響しないようにしてほしいものです。

どうにかならないでしょうか。

相談者より

マメにおみやげを買ってきたり、贈り物をして人間関係を築くタイプの人っていますよね。

お金がかかるとはいえ、ある意味では一番お手ごろな人間関係の築き方なのかもしれません。ただ、お手ごろなだけあって、それによって深い信頼関係が築けるわけではないでしょう。人間同士の信頼を築くのは、そんなに簡単なことではないのです。

この点について、日本の哲学者の和辻哲郎は、信頼とは単に他者との関係ではなく、時間との関係だと言っています。つまり、信頼とはこれから先に訪れる未来の人間関係であると同時に、それは未来とつながった過去の関係でもあるということです。

人間同士が信頼しあっているというのは、現時点の人間関係だけに基づくのではなく、過去お互いのあいだにどんなことがあったか、またお互いの関係がこの先どうなっていきそうなのか、ということを踏まえて成り立っているのです。

信頼関係には時間がかかる

ですから、相手から信頼を得られるかどうかは、過去、自分がどういう行動を相手に対してとってきたかにもかかっています。

自分の過去の行動が信頼されて初めて、今後の自分への信頼が得られる、ということになりますから、単に今おみやげを渡したから「いい人間関係」が築けるというわけではありません。

「あの時助けてもらったな」とか、「この前も一生懸命やっていた」という過去の努力こそが、相手からの信頼の源泉になるのです。

和辻はその著書『風土』の中で「風土と気質の関係」について論じています。風土から見た日本および日本人の本質とは、地震や台風など厳しい自然に耐え抜いてきたその忍耐強さにこそある、と和辻は言います。

おみやげなどの贈り物が人から信頼を得るために重要な国もあるでしょうが、少なくとも日本では、忍耐強く他者を支えることこそ、強い信頼を得るための条件であるように思います。

今の日本のオフィスで同僚から信頼を勝ち得るためには、仕事上の情報をまめに交換するとか、困っている同僚の仕事を手伝うとか、普段の目に見える行動が必要でしょう。そういう意味では、おみやげは不要だと思います。

ここだけの話、信頼関係のできている相手に私はわざわざおみやげを渡しません。むしろ人間関係がぎくしゃくしている相手に渡すことの方が多いと思います。

もちろん、おみやげを渡すことがコミュニケーションのきっかけになる可能性も期待してのことですが。

おみやげを買ってくるかどうかよりも、時間をかけて本当の信頼関係を築いていくことのほうがよほど大事だと思います。そうすれば、人事面での評価もきっと自然に高くなるのではないでしょうか。

Philosoper

和辻哲郎（1889〜1960年）

日本の哲学者。和辻倫理学と呼ばれる日本の倫理学の父。日本文化についても造詣が深い。著書に『倫理学』『風土』などがある。

お勧めの本

熊野純彦著『和辻哲郎』（岩波新書）

「何でもお金で解決」はなぜダメなのか

世の中のことは大抵お金さえあれば解決できます。良い大学に入るのもお金次第だし、結婚相手もお金次第ではないでしょうか。

ですが、なんでもお金で手に入るのは良いことではないと思ってしまいます。

医療の進歩によって、臓器移植が可能になりつつありますが、他人の臓器をお金で買った人が生き延び、買えなかった人や、自分の臓器を売らざるを得なかった貧しい人が十分生きられないのはおかしいと思います。

両親が病気になったことをきっかけに、ドナーカードを持とうと思ったのですが、ふと、自分の臓器が不公平な扱いを受けて、知らないところで売買されるかと思って、気持ちが悪くなりました。

相談者より

たしかに何でもお金で買える時代になり、中には人間の体の一部や、その使用権を売買するような行為も行われています。

消える入れ墨を使うとはいえ、人間の額に入れ墨で広告を描いたりするケースもあるそうです。また、輸血用の血液を売ることもあると聞きます。医療がさらに進歩し、臓器移植がもっとカジュアルに実施されるようになると、転用できる身体組織がオープンに売買される可能性もないとは言い切れません。

こうした行為は、究極的には本人の自由なのかもしれませんが、かといって違法でなければなにをしてもいいのでしょうか。倫理や感情面から、おおっぴらに臓器売買が行われることにはやはり抵抗を感じる人が多いのではないかと思います。

でも、なぜ抵抗を感じるのでしょうか。

臓器や血液を売る行為はなぜ「悪」なのか

そんな疑問にずばり答えてくれているのが、マイケル・サンデル教授です。日本ではかつてＮＨＫのテレビ番組「ハーバード白熱教室」でブームを巻き起こした哲学者として知られています。

実は、私も直接教えを請うたことがあります。

｜公正と腐敗の観点

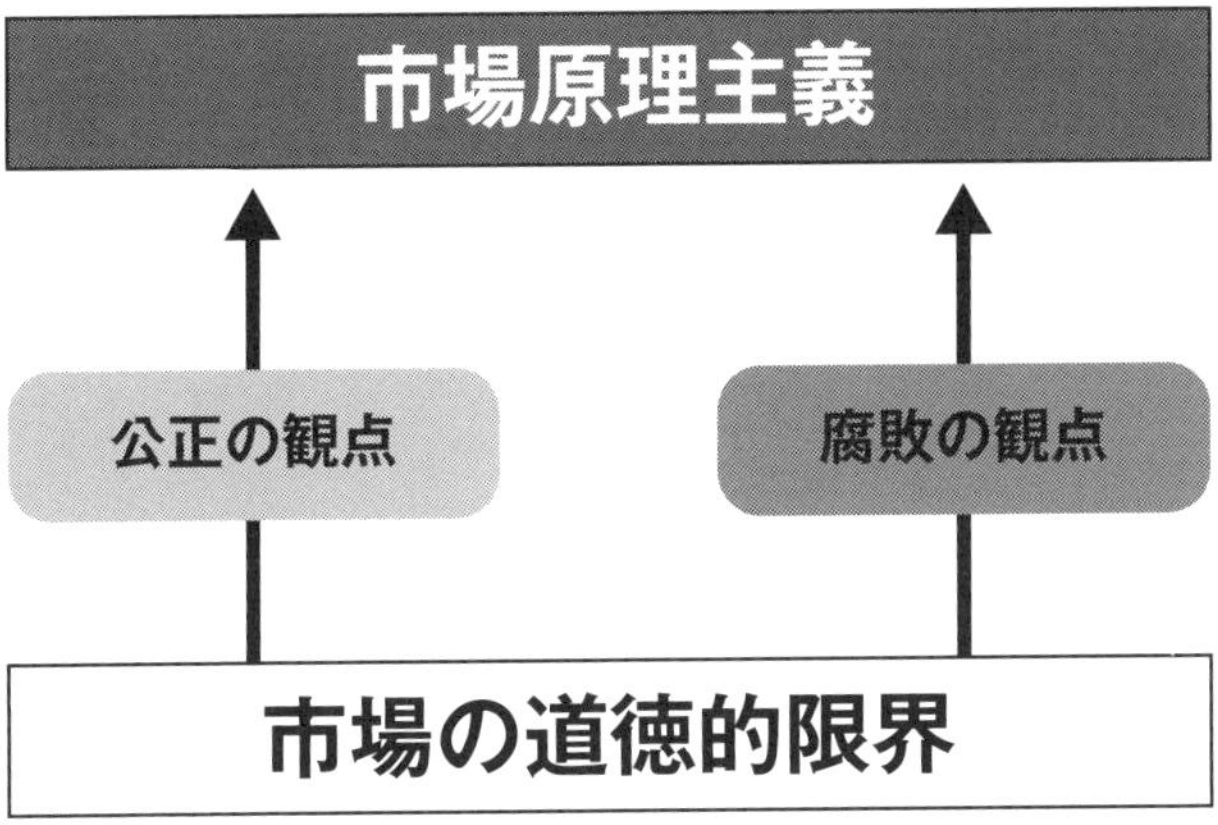

サンデル教授は、著書『それをお金で買いますか』の中で、お金で買えるものの限界を示して、市場原理主義に疑問を投げかけています。血液を売る行為についても論じているのですが、そうした行為は「公正」と「腐敗」という2つの観点から問題があると彼は言っています。

まず、公正の観点とは、市場の選択に任せていると、不平等が生まれてしまうことへの疑問です。血液売買の例で言うなら、貧しい人の血液をお金持ちが買うことができてしまうと、それは貧しい人をお金持ちが「食い物」にしているのと同じことだ、という点が問題視されています。

実際アメリカでは、現金が欲しいスラムの住人が血液を売るケースが多く、社会問題となっているそうです。

次に、腐敗の観点とは、市場原理主義によって規範が損なわれたり、人への思いやりの姿勢が消滅したりすることへの疑問です。血液売買が当たり前になると、他人を「食い物」のように扱うことが当然になり、他人への思いやり、すなわち「利他精神」が失われてしまう、という指摘です。

こうした公正と腐敗という2つの観点から市場取引を見直すことで、市場の道徳的限界、つまり「お金で買うべきではないもの」の存在が明らかになります。「お金で買うべきではないもの」を設定しなければならないのは、医療の分野に限った話ではありません。いわば、社会においてやってはいけないことを定めるルールの一つとして、「お金で買うべきではないもの」を判断することが求められるのです。

今後世の中がどう変わるにせよ、皆がそれぞれ心の中にきちんとした判断基準を持っていれば、人間の社会はそうそうおかしなことにはならないはずだと思います。

相談者が指摘されている臓器提供のあり方も、もっと議論を尽くして、社会としても、個人の心の問題としても、モノサシを設定する必要があるのかもしれません。

Philosoper

マイケル・サンデル（1953年～）

アメリカの政治哲学者。コミュニタリアニズムの立場から、共通善に基づく政治を提唱。著書に『公共哲学』など。

お勧めの本

マイケル・サンデル著『これからの「正義」の話をしよう』（早川書房）

「お金」と「人助け」どちらを優先すべきなのか

「世界中で社会貢献活動をしているNGOや、地方創生のためのNPO法人などへ転職しようかと思っています。どうせ働くなら、世界や社会のために働く方がやりがいがあると思うからです。」

しかし、そういう職場は給与などの条件があまり良くないことが多いので、迷っています。

相談者より

人助けはお金になるものではありません。だから学生の就活でも、社会人の転職でも、収入面を考えると社会貢献の仕事に就くことを躊躇《ちゅうちょ》してしまうという話をよく聞くのですが、果たして本当にそうなのでしょうか。

参考になるのは、オーストラリア出身の哲学者ピーター・シンガーの「効果的な利他主義」です。人助けをするなら、一番効果的な方法、つまり一番たくさん人を救える方法を取らなければいけないという考え方です。

これは「最大多数の最大幸福」を善とする、いわゆる功利主義に基づいた考え方です。

「効果的な利他主義」とは何か

たとえば、NPO法人や慈善団体で働くよりも、金融業界でお金を儲け、その後たくさん寄付をしたほうが、より多くの人を助けることができるかもしれません。だとするなら、そうするほうが正しい行いだというわけです。実際のところ、シンガーは優秀な学生にそういうキャリアを勧めていると言います。

シンガーはこうした働き方のことを「与えるために稼ぐ」と表現しています。与えるために稼いでいる人たちは、その生活にやりがいと誇りを感じ、充実した毎日を過ごしているというのです。

たしかにこういう発想に立てば、人助けとお金もうけを両立させることが可能ですが、なんとなく釈然としないという人もいるかもしれません。

なぜならこの場合、人助けは間接的なもの、あるいは結果であって、直接人助けをしているわけではないからです。人助けをしているという実感が得にくいでしょうし、また世間から人助けをしていることへの賞賛を得られない可能性もあります。

そうなると、人助けをするモチベーションが高まらないという人も多いと思います。

しかし、人助けとは、あくまで他人を助けることであって、自分の利益を考えてすることではありません。他者からの賞賛や自分の満足感を優先するのは、人助けのモチベーションとして重要だとは思いますが、本来の目的そのものではないはずです。

であれば、「間接的な人助け」についても、もっとポジティブに考えてみてもいいのではないでしょうか。
それは決して妥協ではないと思います。ある条件のもとでは、「与えるために稼ぐ」ほうがベストな方法になりうるということを、相談者ご自身が認識する必要があると思います。
そのためには、自分の行為が少しでも直接的な人助けに思えるように、寄付額を毎月グラフにして可視化するとか、寄付金で実際に助かった人たちがいたら、メールや便りなどで彼らとコミュニケーションを取り、間接的支援を実感してみてはどうでしょうか。

Philosoper

ピーター・シンガー（1946年〜）

オーストラリア出身の哲学者、倫理学者。米プリンストン大学教授。功利主義の立場から現代の諸問題に鋭い問題提起を行っている。著書に『動物の解放』などがある。

お勧めの本

ピーター・シンガー著『あなたが世界のためにできる　たったひとつのこと　〈効果的な利他主義〉のすすめ』（NHK出版）

「自己責任」はどこまでが妥当なのか

少子高齢化によって、支えられる高齢者が増えているのに、支える若者が年々減っています。

そうなると、当然一人あたりの年金の金額を減らさざるを得ないのではないかと思っています。

金融庁が「老後に2000万円必要」という報告書をまとめたことが話題になりましたが、要するに、今後は老後の生活のすべてを年金でまかなうことは諦めて、個人の資産を用意しろということだと思います。

ただ、資産を用意しろと言われても、私はもう50代なので、いまから資産形成するのは無理があります。「老後暮らしていけるかどうかは自己責任」という方向に向かっているように思いますが、いまさら自己責任と言われても、不公平じゃないかという思いが強いです。

相談者より

責任の概念

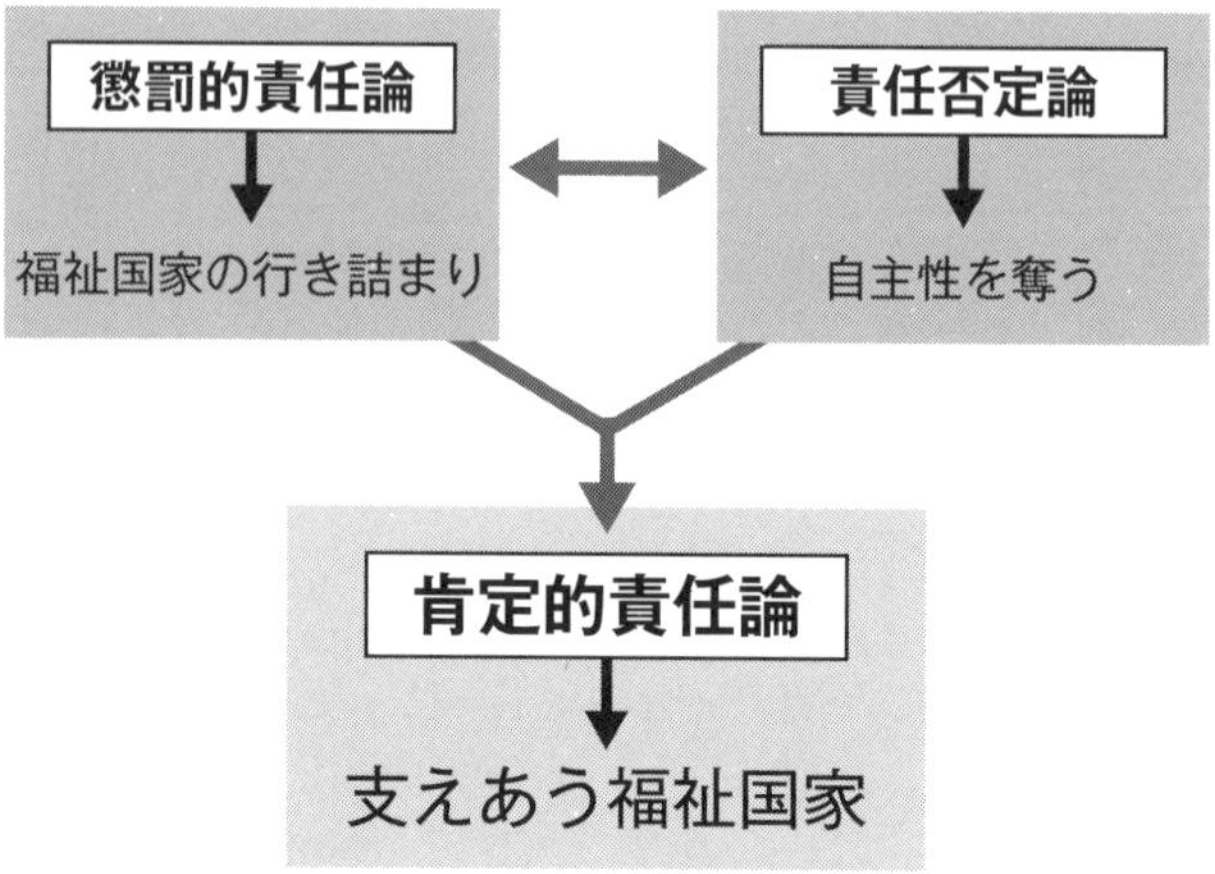

たしかに社会保障費は年々増え続け、少子高齢化の中で現役世代の数は限られてきますから、定年後も働き続けるといった対応が求められるでしょう。

こうした変化の背景に「人生は基本的に自己責任である」という発想が横たわっているように思えてなりません。現に自由競争を重視する人たちは、その点をストレートに主張しています。

他方、相互扶助を重視する人たちは、無い袖は振れないので、社会保障費の増大にどう対処すべきか、答えに窮しているのが現状ではないでしょうか。

そこで参考になるのが、アメリカの政治学者ヤシャ・モンクの責任の概念です。

モンクによると、今私たちは自己責任の時代を生きているといいます。つまり、自由競争を主張する人たちだけでなく、相互扶助を重視する人たちでさえ、きちんと働いてきた人間にだけ福祉を提供するという発想になっていると彼は言います。

「責任」には一定の条件が必要

モンクの議論がユニークなのは、かといって責任を否定するのはよくないという点です。

個人の責任を否定すると、その人が自由意志によって主体的に選択したことについても、責任はないと考えることになってしまいます。

でも、たとえばデイケアなどの福祉サービスを受ける人にとって、そのサービスを受けるかどうかを自分で判断したということは、生きるうえでの人としての尊厳を維持するために重要であったりします。

人間にとって「自己責任」は負担である反面、自分自身の人生や、家族や職場、地域の人々への責任を果たすという意味で、人生を有意義に生きるための張り合いにもなります。よって、モンクは責任という概念を否定するのではなく、責任という言葉を問い直す必要があるというのです。

現代社会においては、責任は懲罰的な意味を持つものになってしまっています。「責任を負う」という表現がそうした意味における「責任」の用法の典型ですが、モンクはもっと肯定的にとらえるべきだと言っています。

そのためには誰もが責任ある主体として、自分の生活を自分自身で選び取ることができる社会を最大限に保障しなければなりません。

「責任をもって自分の人生を選択する」ということが実際には不可能なのに、その社会において「自己責任論」を問うことはナンセンスだからです。選択肢が十分に与えられていて、かつ、自分の意志で選択が可能な範囲でのみ、個人は結果に対して責任を持つと言えるのです。

こうした「個人の選択」をきちんと保障する社会を成立させるためには、民主的な討議を通じて、お互いに「責任」を問うべきことの範囲や、その中身について、あらかじめ決めておく必要があるでしょう。

どういう行為については自己責任だとして批判してよいのか、合意に基づくルールがない状態で、なんでもかんでも自己責任として批判するのは、先ほどの「責任」の正しい意味、つまり「選択が可能な場合にのみ責任を問える」という考え方に違反しているからです。

こうした条件が整備されて初めて、「責任」を持ってお互いに支え合う福祉国家を構築することができる、というのがモンクの考え方です。

「責任を問うべき範囲を議論し明確化する」という作業は、有権者として国の制度を決めていく時、また会社や家族との関係で自分の責任を明確にしておく必要がある際などにおいても、求められる態度であるといえます。

それを実践するためには、きちんと選挙に行く、職場に問題があれば話し合いを提案する、またその是非を議論する、といった方法が考えられます。

つまり、「責任を問う」前に、議論すべきこと、実践すべきことがたくさんあるのです。

そう考えると、本来「責任を問う」ということの本質は、未来において個々人がどのようなことについて「責任」を負うべきか、またそうした「責任」のあり方を通して、どのように未来の社会をより良くしていくかという点にこそあると言えるのではないでしょうか。

「責任を問う」という表現は、なにも過去にしでかした過ちを非難することだけを意味するものではないのです。

むしろ、将来に対して自分が責任を持って貢献しようという一種の宣言なのではないでしょうか。

Philosoper

ヤシャ・モンク（1982年〜）

ドイツ系アメリカ人の政治学者。専門は政治理論と民主主義。責任の概念をとらえ直そうと試みている。著書に『民主主義を救え！』などがある。

お勧めの本

ヤシャ・モンク著『自己責任の時代』（みすず書房）

「いい人」はなぜリーダーに向かないのか

職場の人間関係に悩んでいます。

私は管理職で、部下数名のマネジメントをしています。その部下のうちの一人が私に対して反抗的な態度をとるので悩んでいます。

私の指示に対して彼がいちいち反論するせいか、他の部下も私の言うことを軽く考えるようになってしまいました。結果、私とチームとの人間関係がぎくしゃくして

しまい、業務上必要な意思の疎通すら滞るようになりつつあります。なんとかこの反抗的な部下をコントロールして、他の部下に対してもリーダーシップを発揮したいと思っていますが、何か方法はないものでしょうか。　相談者より

かつては反抗的な社員がいても一喝すれば済んだのでしょうが、ハラスメントに敏感な今の社会においては、あまりに厳しい対応は躊躇してしまうところです。かといって曖昧な態度でいると、リーダーとしての威厳にかかわるので、他の社員にもなめられてしまいます。

そこで参考になるのが、マキャベリズムです。

マキャベリズムとは、イタリアの思想家マキャベリが著した『君主論』において紹介されている考え方です。

『君主論』という書物は、冷徹で、リアリズムに満ちた記述が大きな特徴です。よく「目的のためには手段を選ばない」という言い方をされますが、悪名高き「権謀術数」こそ、マキャベリズムの真骨頂と言えます。

マキャベリは、フィレンツェ共和国の書記官として外交に携わった人物ですが、その後、失脚して同書を執筆します。当時のイタリアは小国が対立し合い、政情が不安定でした。そんな状況を肌で感じつつ、外交官として他国の君主を観察することで、彼独自のリアルな政治思想を形成していったのです。

「君主は冷酷であれ」マキャベリズムの教え

マキャベリは「君主は冷酷であれ」と主張します。だからといって、彼は単純に冷酷な暴君を良しとしているわけではなく、逆説的な物の見方をしているにすぎません。

一般的には名君とは国民に優しく、慈悲深い人間だと考えがちですが、国家統治の目的を国の平和と安定とするなら、優しく慈悲深い君主のほうがその目的にとっては悪だとマキャベリは考えます。

君主が「いい人」過ぎると、君主を軽く見る人間が増え、国家の統制がとれなくなります。その結果、無秩序が生まれ、殺戮《さつりく》や略奪の発生を許すことになるのです。

そうした状況に陥るよりは、君主は多少冷酷なくらいがいいというわけです。君主に冷酷さがあれば、見せしめ的な処刑といった「悪政」も覚悟しなければなりませんが、その代わり威厳によって国民はその意に従いますので、国家全体の統制が可能になります。

見せしめなどの最小限度の悪を許容することによって、秩序ある安定した大国を築けるなら、そのほうがいいとマキャベリは考えるわけです。

「愛されるよりも恐れられることのほうが望ましい」と彼は断言していますが、そうしたリアルな哲学は『君主論』を通じて終始一貫しています。

現代においても、部下をコントロールする上で、やはり「いい人」過ぎるのは考えものかもしれません。ただ、やみくもに部下を威嚇するだけではパワハラになってしまいます。いったいどの程度までなら許容されるのでしょうか?

『君主論』においてマキャベリが展開するリーダーシップ論は、やはり極めて現実的なものですが、その中で彼は狐と獅子を模範にして説明を試みています。

狐は狡猾《こうかつ》な動物なので、罠にはあまりひっかかりません。一方、獅子は強い動物で、他の動物と闘っても負けることはありません。

マキャベリの理想とする君主には、この狐の狡猾さと獅子の強さ、両方を兼ね備えていることが求められます。つまり、彼が考える真のリーダーシップには「狡猾さと強さ」が含まれていなければならないのです。

上司に当てはめると、獅子のように強くあらねばならないので、ビシッと言うべき時は多少厳しくとも意見を言うべきでしょう。そうして相手に恐怖心を与えたほうが、反抗的な部下だけでなく他の部下に対しても威厳を示すことになります。

とはいえ、その際パワハラで訴えられては元も子もありませんので、無計画に怒りをぶちまけてはいけません。相手を批判する前に、あくまで狐のような狡猾さで周到に準備しておく必要があるのです。

たとえば、部下にも非があるという客観的証拠をつかんでから一喝するとか、あるいはある程度部下に自由を認める代わりに、別の厄介な仕事を押しつけたりして、何らかの交渉によって自分の利益を確保するとか。そういう「ずる賢さ」も上司には求められます。

実は私の好きな「The Office」という人気コメディードラマでそんなシーンがありました。マキャベリに学んだのかは定かではありませんが、こうした「強さとずるさ」を発揮した上司は、ドラマ内においてちゃんと部下に対する威厳を取り戻すことに成功していました。

Philosoper

ニッコロ・マキャベリ（1469～1527年）

イタリアの政治思想家・フィレンツェ共和国の外交官。実務経験に根ざした鋭い政治論、リーダー論で有名。ただ、彼の説く権謀術数は、時にマキャベリズムと評され、そのリアリズムに徹した視点は毀誉褒貶が著しい。著書に『君主論』『戦術論』などがある。

お勧めの本
マキャベリ著『君主論』（光文社古典新訳文庫）

ハイデガーに学ぶ「時間の使い方」

働き方改革によって我が社でも原則として残業をなくすことになりました。ですが、自分の担当するクライアントは営業時間が遅いため、業務終了間際に連絡が来て対応を迫られることが日常茶飯事で、私が残業をしないとどうしても仕事が終わりません。

とはいえ、いつも残業をしていると「残業代目当てなんだろう」と思われたり、

「仕事が遅い能力の低い人」とみられているような気がして、毎日ストレスに感じています。

かといって、自分の今の仕事をこなすには一定の残業がどうしても必要です。

せめて、「残業をよくしている＝無能な人材」だと思われないような方法はないものでしょうか。

相談者より

何か新しい制度が導入されると、それまでやってきたことが一律に悪であるかのように扱われはじめることがあります。

働き方改革もそうした例の一つかもしれません。残業による長時間労働が育児の妨げや、はては過労死につながっていたことは否めませんが、残業をしている人としては、実際に残業が必要なくらいの業務量がある以上、仕方がないという気持ちなのだと思います。

生産性を上げればいいといっても、限界があるでしょう。責任感の強い人ほど、仕事をきちんと進めるためには、どうしても残業をせざるを得ないという状況も起こり得ると思います。

本人が一生懸命やっているにもかかわらず、それを無能扱いされてしまうのは、本質を理解できていないように思います。

では、どうすればいいでしょうか。参考になるのが、20世紀ドイツの哲学者ハイデガーの「根源的時間」の考え方です。

ハイデガーは、通常私たちが使っている「時計の時間」、あるいは通常の時間という意味の「通俗的時間」と比較するかたちで、いわば「心の時間」ともいうべき「根源的時間」の概念について語っています。

「時計の時間（通俗的時間）」の場合、過去から現在、未来へと直線的に時間が流れていきます。時間の流れる速度は一定で、当然、時間が行きつ戻りつすることもありません。

したがって、「時計の時間」の概念においては、残業をするということは、残業をした分だけ時間を消費した、ととらえることしかできません。

これに対して「根源的時間」の概念においては、「今ここ」を起点に、既に過ぎ去った「過去」や、これから到来するであろう「未来」についても、すべて自分の中に存在していると考えます。過去も未来も、「今ここ」の自分と関係のある時間なので、「今ここ」という時間とともに存在していると考えます。

「時間通り」に意味がないワケ

もっと身近な感覚の話としても、過去の出来事は今の自分の頭の中に当然ありますし、未来の出来事だって今の自分の頭の中に計画や予定、予感といった形で存在しています。

これがどういうことになるかと言えば、時間とは、今この瞬間を生きる自分の中だけに存在するものだと考えられる、ということになります。これが「根源的時間」の概念になります。

この「根源的時間」に従えば、「過去」や「未来」が存在するのは、自分が「今ここ」を一生懸命生きているがゆえのことだ、ということになります。

「根源的時間」の概念においては、「今ここ」を一生懸命生きるというのは、時間の単なる消費ではありません。

「時計の時間（通俗的時間）」では、たとえば今必要な仕事に3時間かかったとなると、単に3時間を消費したというだけです。

他方、「根源的時間」においては、「今ここ」を頑張ったことは、未来の結果を良いものにすることであり、また同時に、過去を振り返る時にもさまざまな深い視点を持てるようになるという意味で、過去をも豊かにすることにつながります。だから「今ここ」で3時間頑張ったことは、3時間以上の意味を持ちうるのです。

この「根源的時間」を意識し、自覚することで、人は今この瞬間をより一生懸命生きるようになると思います。

まさにハイデガーはそう考えました。そうした「今ここ」に一生懸命な生き方こそ、人間にとって本来的で、正しいのだとハイデガーは語っています。

では、「根源的時間」を基に残業を考え直してみましょう。

「時計の時間（通俗的時間）」では、残業はただの時間の消費です。一方、「根源的時間」においては、残業は懸命に生きている証拠であり、未来の仕事をより良くするためのものであり、それは過去を振り返る時にもより良い視点を提供するでしょう。

今やるべきことを必死にやっている、という意味では、残業は本人の「生」を豊かに輝かせるために必要な時間だと考えられるかと思います。

さて、その上で周囲に「残業しなければ業務をこなせない無能な人」と思われないためには、どうすればいいでしょうか。

相談者は、もしかするとご自身でも残業を「いけないこと」だと考えておられるのではないでしょうか。

そうではなく、「根源的時間」に基づき、残業とは自分の人生を豊かにするために、「今ここ」

を一生懸命に生きることなのだととらえ直すことができれば、一生懸命さから生まれる「気迫」のようなものを周囲に感じさせることができるように思います。

残業の必要性や意義について、ご自身でもどこかうしろめたい気持ちを引きずって残業しているから、周囲にその必要性がなかなか伝わらないのではないでしょうか。

ご自身で残業の必要性を根本から確信していれば、周囲の評価も変わるでしょうし、また、仮に周囲から多少冷ややかな目で見られたとしても、動じないでいられるようになると思います。

Philosoper

マルティン・ハイデガー（1889〜1976年）

ドイツの哲学者。自分は代替不可能な「死へと向かう存在」と自覚するべきと主張。そうして死を自覚して初めて、人は本当の生を生きることができるとする実存主義的な哲学を説く。ナチスに肩入れして大学を追われた。著書に『存在と時間』『技術への問い』などがある。

お勧めの本

轟孝夫著『ハイデガー「存在と時間」入門』（講談社現代新書）

「弁証法」でビジネスがうまくいく

会社の方針で、新しい事業の企画を提出するように言われています。コロナの影響でリモートワークが普及していますが、その間の勤怠管理にさまざまな企業が苦労していることを知ったので、リモートでの勤怠管理システムについての企画書を用意しているところです。

ただ、きっと上司が反対すると思って、それが気になっています。上司は古いタイプの営業マンで、対面での打ち合わせをしないと注意されます。リモートワーク自体にも否定的です。企画を却下されるくらいなら、上司が気に入りそうな企画に変更したほうがいいと思って、悩んでいます。

相談者より

自分にいいアイデアがあるのに、上司の頭には別のアイデアがあり、そのままでは意見が衝突してしまうというのは、組織で働いている人なら必ずといっていいほどぶち当たる問題だと思います。

できるだけいい仕事をしたいがゆえ、自分のアイデアを形にしたいのはやまやまでしょう。でも現実問題として、上司のＯＫがなければ仕事を前に進められないのが組織というものです。どんな組織も人間同士の関係性と無縁ではいられません。したがって、いくらいいアイデアだと信じていたとしても、自分の考えを率直に提案したことで、上司との人間関係に亀裂が生じることだって起こりえます。

上司と気まずくなってまで、自分の理想を貫き通すのか、それとも、現実という壁の前にひれ伏し、忖度してしまうべきか……。

ここでふと思うのですが、そもそも答えはこの２つの選択肢の中にしかないのでしょうか。第三の道がどこかにかくされている可能性はないのでしょうか。

こういった二律背反の袋小路に陥った際に参考になるのが、近代ドイツの哲学者ヘーゲルの弁証法という概念です。

ヘーゲルの弁証法

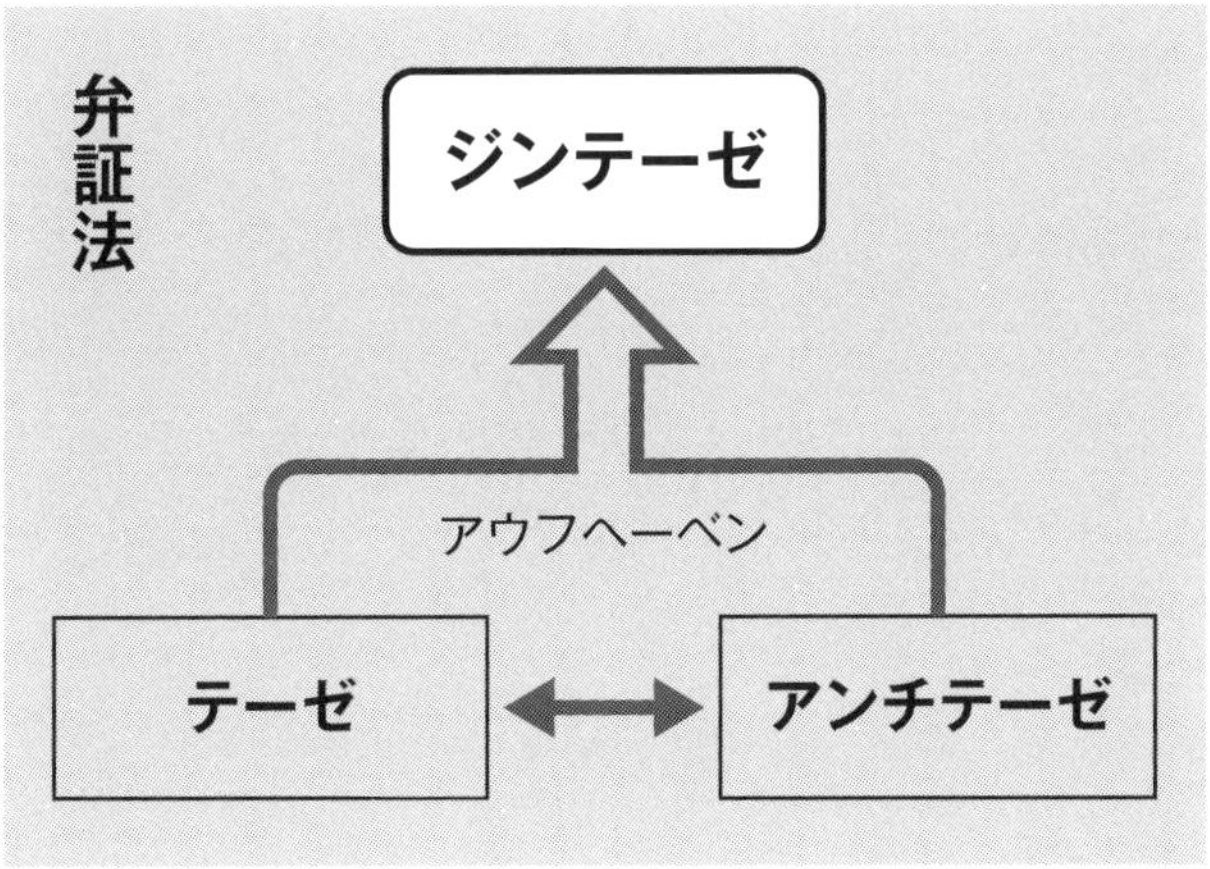

「第三の選択肢」で対立を避ける

ヘーゲルの弁証法とは、問題が生じた時に、その問題自体を取り込むことで、さらに一段上のレベルに到達するための思考方法を指します。AかBか、両方の選択肢が両立しない時に、その片方の選択肢を切り捨てることなく、より良い解決法を見いだすことができるのです。

これはいわば、第三の道を創造するための思考の方法です。

第三の道とは言うものの、当初の選択肢とまったく違う新しい選択肢に飛びつく、という安易な思考法ではないことに注意が必要です。また、安易に相手の意見に妥協したり、忖度してしまう方法ともまったく異なります。ポイントは「問題を取り込む」部分にあります。

ヘーゲルの弁証法とは、ある物事（テーゼ）に対して、それと矛盾する事柄や問題点（アンチテーゼ）が存在するような場合、それらを元のテーゼに取り込んでしまうことで、テーゼとアンチテーゼの間にある矛盾や問題点を克服し（アウフヘーベン）、より発展した解決法（ジンテーゼ）を生み出すというものです。

上司のアイデアと自分のアイデアが矛盾していて、どうしてもぶつかってしまうという状況のマイナスをプラスに変え、より良いアイデアを生み出すという問題解決法です。

冒頭の状況をもう一度整理すると、自分の企画と上司の企画がどうしても矛盾しそうな状況ということですが、そういう場合には弁証法的思考法をうまく活用することによって、人間関係を優先し上司の企画を採用するという方法以外の解決策を見いだせそうです。

では、具体的にどうやって矛盾する案を取り込んでいけばよいのでしょうか。

まず、上司の案の良いところを尊重してみましょう。

上司はリモートワークに否定的ということですが、「みんなが同じ場所で仕事をすることで初めて相互に刺激になり、一体感と創造性が生まれる」ことを重視する姿勢、それにその姿勢に基づきこれまで上司が上げてきた仕事の成果自体は、たとえ自分と意見が異なるとしても、ポジティブに尊重し評価することができるのではないでしょうか。

他方、自分の案、すなわち、リモートワークをやりやすくするようなサービスの商品化というアイデアにももちろん良さがあります。

そこで上司の考えを自分のアイデアの中にうまく取り込んで、「全員が出勤する一体感やそこから生まれる創造性を損なわないように、自宅とオフィスを常時接続してリモートワークできるようなシステムを開発する」といった具合に、より発展した企画として提案してみればいいのではないでしょうか。

異なる意見や人間同士が対立している様子を、よく水と油にたとえますが、絶対に混ざらないはずの水と油だって、一緒に混ぜて乳化させることでドレッシングになります。

頭の使い方次第で、「1＋1＝2」どころか、無限大の可能性を生み出せるのが弁証法の凄いところです。

Philosoper

G・W・F・ヘーゲル（1770〜1831年）

ドイツの哲学者。近代哲学の完成者と称される。「弁証法」の概念で有名。社会哲学でも国家論を説き、自らプロイセンの政治改革に乗り出した。著書に『精神現象学』『法の哲学』など。

お勧めの本
寄川条路著『ヘーゲル　人と思想』（晃洋書房）

多様性を認められない人が陥りがちな思考回路

世間では人手不足が叫ばれていますが、私の会社も例外ではありません。特に40歳以下の人材については、緊急に補充が必要な状況です。おかげさまで採用まではなんとかこぎ着けられるのですが、採用した人材がその後定着せず、困っています。
私の世代だと、ちょっとくらい体調が悪くても毎日定時に出社するのは当然、上司の命令は絶対という文化で育っていて、一度就職したら定年まで働くのが当然とい

う感覚がありますが、若い世代は違うようです。どうすれば、彼らに定着してもらえるでしょうか。

相談者より

私も50歳なのですが、今の50代以上と、それより若い年代とでは価値観に大きな違いがあるように思います。

私が新入社員の頃は終身雇用が当たり前で、会社生活が人生のすべてのように言われていました。ところが、その後雇用が流動化し、キャリアアップのために何度も転職をすることが当たり前になりました。一つの会社に滅私奉公することをよしとする人は減り、仕事以外に人生の喜びを見いだす人も増えています。

ですから、今の30代から40代の働き盛りの若い人たちに、50代、60代の価値観を押し付けてもかみ合わないでしょう。

50代以上の価値観が、一つの会社にべったり依存する、いわば「一元論」であるのに対して、40代以下の価値観は複数の生活を並列で生きる「二元論」ないし「多元論」です。つまり両者はまったく別の考え方のもとに生きているわけです。

では、そうした40代以下の世代を会社に定着させる方法はあるのでしょうか。

「二元論」的な考え方をインストールする

参考になるのは、日本の哲学者、九鬼周造の「いき」という概念です。特別な意味を持たせているので、あえて平仮名で表現されます。

簡単にいうと、「いき」とはさっぱりしていて、かっこいいという意味です。「粋な計らい」というときのあの「いき」でもあります。

「いき」というと日本的で古風な概念ですから、古い一元論的な価値観の代表のような気もします。でも、実は九鬼周造の考える「粋」な人間関係とは、むしろ二元論的な価値観に基づいています。この「いき」な人間関係を彼は芸者と客の関係から着想したようです。

日本において遊び慣れた「いき」な客は、好きな芸者がいても、あえてべったりはしません。客には客の家庭があったり、また芸者には他の旦那衆がいたりと、本当は愛し合っていたとしても、距離を置いて付き合うことを「いき」と考える習慣がありました。これは日本独自の二元論的な発想に基づいていると彼は言っています。

西洋の場合、愛し合っているなら客は妻と別れるなりして家庭を清算すべきで、芸者は芸者で複数のパトロンを持つことは不誠実で倫理にもとる行為だと考えられがちです。

つまりきちんとした形で一緒になることが西洋では理想像とされがちで、それは一元論的な発想ということになります。

今の世代が二元論的な価値観を持っているとすると、彼らとうまく付き合っていくためには、彼らとのつきあい方にも、「いき」な配慮をしていくと良いと考えられます。

したがって、彼らを会社につなぎとめておきたいなら、幾分逆説的ではありますが、一元的なべったりした関係を強要するのではなく、あえて二元的なさっぱりした関係を認めてあげることでしょう。

たとえば、休みを取りたいと言ってきた時、忙しい時期に休むなと言うのではなく、むしろそうした時期でも休みやすい環境づくりをすると良いでしょう。

残業ばかり求めるのではなく、定時で帰りやすい職場環境を整えたほうが、彼らのモチベーションも高まって、生産性が向上するのではないでしょうか。

そういう「いき」な計らいが、いい関係を持続させるのです。

Philosoper

九鬼周造（1888〜1941年）

日本の哲学者。足かけ8年のヨーロッパ留学を経て、京都帝国大学で教鞭をとった。日本独自の概念に着目し、独自の哲学を生み出す。著書に『「いき」の構造』『偶然性の問題』などがある。

お勧めの本

藤田正勝著『九鬼周造』（講談社選書メチエ）

「人を動かす」にはどうすればいいのか

新型コロナウイルスの感染が拡大しています。
できるだけリモートワークに切り替えたり、手洗いやうがいを行ったりと、いろい

ろな感染対策がとられていますが、それをあえて無視する人がいます。外出自粛要請が出ている時にあえて外出したり、旅行したりする人を見ると、こういう人たちのせいで自分が感染したくないなと思ってしまいます。私の職場でも、マスクをしない人がいます。ただ、マスクをするように注意すると急にキレそうで、何も言えません。どうしたらいいでしょうか。

相談者より

新型コロナウイルスの被害はどこまで広がるのか、先が見えない状況が続いています。政府の対策はどれも後手に回っているように見え、世論に厳しく批判されることも多くなっています。政府が有効な対策を打ち出せないせいもあるのか、個人でもっとしっかりコロナ対策をするべきだと考える人も多いようです。それが最もはっきりあらわれているのが、せきについてのエチケットや、マスクの着用ルールではないでしょうか。

たとえば、新幹線に乗車するとせきのマナーについて電光掲示板による案内が流れますが、これもせきを気にする人がたくさんいるからでしょう。

ただ、あまり細かくルールを指示されると反発したくなるのが人間ではないでしょうか。

相談者の職場にもマスクをしない人がいるということですが、その方に真っ正面から注意すると、逆に反発されてしまうかもしれませんね。

「注意の仕方」で人は変わる

では、どのようにせきエチケットやマスク着用のルールを提案すればスムーズに受け入れてもらえるでしょうか。そんな時に有効なのが「ナッジ」という概念です。

「ナッジ」とはもともと肘で相手をちょんちょんとつついて、それとなく注意する、相手に気づかせる、という意味の英単語です。

アメリカの哲学者キャス・サンスティーンらは、これを思想用語に転用しました。つまり、正面切って指示すると反発されることでも、それとなく気づかされると、すんなり受け入れて主体的に行動するようになるのです。

これはリバタリアン・パターナリズムといって、自由至上主義を掲げるリバタリアンが重視する個人の自律と、パターナリズム、つまり父権主義に基づく有効な介入のバランスをうまく取るための方法として注目されている思想です。

リバタリアンと呼ばれる人々は、個々の人間が最大限に自由であることを重視します。そのた

ナッジの活用

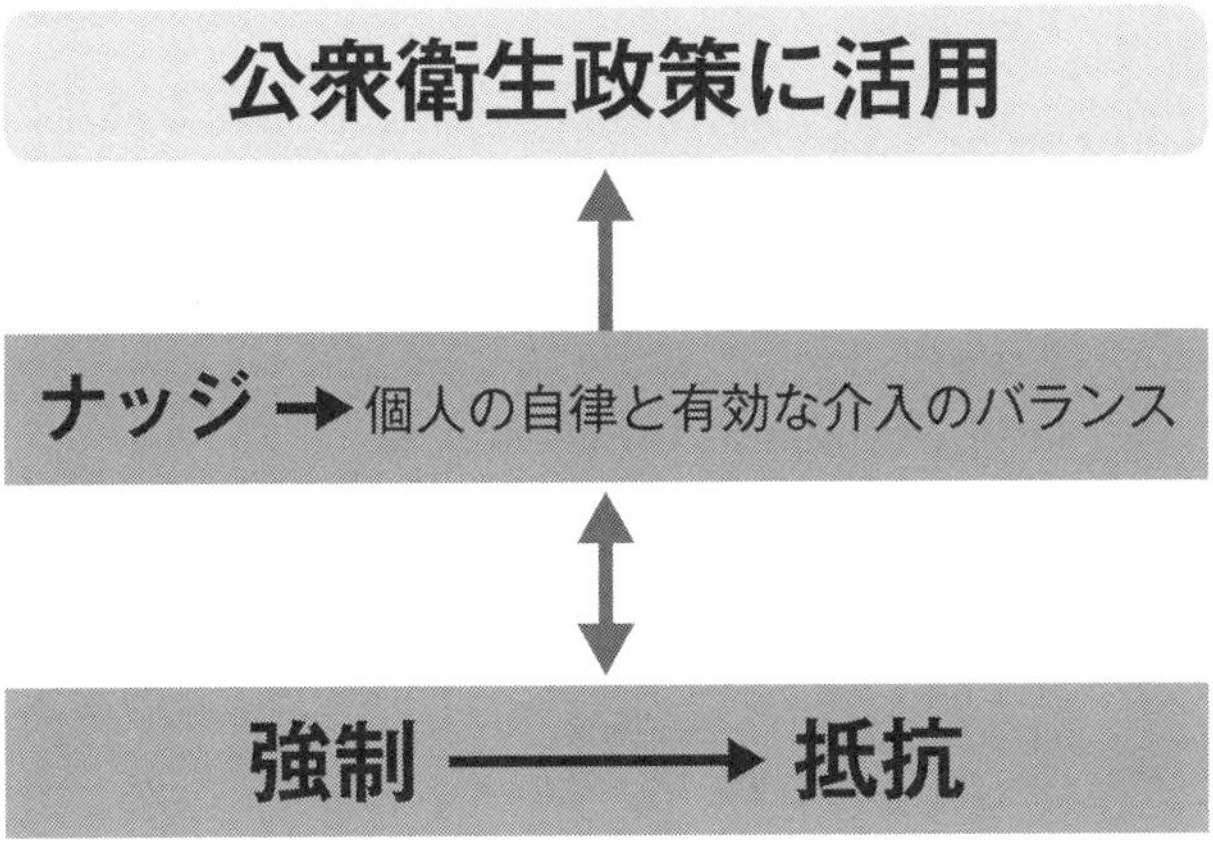

め、彼らの上に政府を置いて、政府が個人にいろいろな指図をするということを拒否したいわけです。

パターナリズムとは、父権主義という訳語からも分かるように、保守的な家庭における父親のように力が強い存在が、個人の意志がどうあるかは問わずに、介入したり、支援したりすることを言います。

パターナリズムは個人の自己決定を阻害するだとか、権力の強いものと弱いものの力関係を前提としているなどと批判もされますが、現実の貧困問題や社会福祉の現場など、国が介入したほうが良い結果につながる場合も多々あります。

したがって、できるだけ個人の尊厳をおかさないようにしながら、かつ介入、支援するための手段として、ナッジの活用が考えられているわけです。

こうしたナッジは、今、公衆衛生の分野で広く活用されています。

たとえば、生活習慣病の予防のために、食事メニューの改善を促したり運動を勧めたりする場合、強制的に指示をすると反発されますが、ナッジを使うと受け入れてもらいやすくなります。

ジャンクフードは体に悪いから今日からオーガニックな健康食を食べろ、と言われれば誰だって反発します。でも、健康食のメリットをそれとなく知らされたり、身近なスーパーなどでジャンクフードよりも品揃えが豊富で買いやすくなっていたりすれば、自然に健康食を選ぶ人が増えるでしょう。

感染症対策は公衆衛生の一つの分野ですから、コロナ対策にナッジを用いるのはきわめて自然なことだと思います。

マスクをすると普段よりも格好良く見えるようなファッションを考えてみるとか、仕事ができる人はマスクもきちんとしているという説を広めるとか、いろいろなやり方を考えてみてはいかがでしょう。

Philosoper

キャス・サンスティーン（1954年〜）

アメリカの哲学者・法学者。経済学者のリチャード・セイラーと共にナッジの思想を唱えた。著書に『#リパブリック』などがある。

お勧めの本

リチャード・セイラー、キャス・サンスティーン著『実践行動経済学』(日経BP社)

「忖度」はなぜ良くないのか

長男が生まれて幸せな毎日を過ごしています。とはいえ、妻だけが育児を負担するのも不公平だし、妻も働いていて現実問題としても分担が必要なので、私が育児休暇を申請しようと思っています。

しかし私の会社では、女性は育児休暇をとれますが、男性は制度としては存在するものの、取得すると、周囲から冷ややかな目で見られるようです。

育児休暇を取得した男性が左遷された事件がありましたが、ああいうケースを見ると、私も育児休暇を取得すると、社内での立場が危うくなるような気がします。ただ、制度があるのに使えないのはおかしいと思いますし、取得してみようとは思っています。社内でのトラブルを回避しつつ、育児休暇を取得できるいい方法はあるでしょうか。

相談者より

男性の育児休暇についてはいまだに世間の目が厳しいようですね。面と向かって言わなくても、まるで仕事をさぼっているかのように批判したり、給料泥棒みたいにとらえる人さえいます。

しかし、育児と家事を夫婦で分担するのは、本来ごく当たり前のことなのです。職場内で誰かが勇気を出して行動を起こせば、男性の育児休暇や子育てを真剣に考えるきっかけになるだろうと思います。

そこで参考になるのは、ドイツ出身でユダヤ系の現代思想家であるハンナ・アーレントです。

世の中を健全にするために

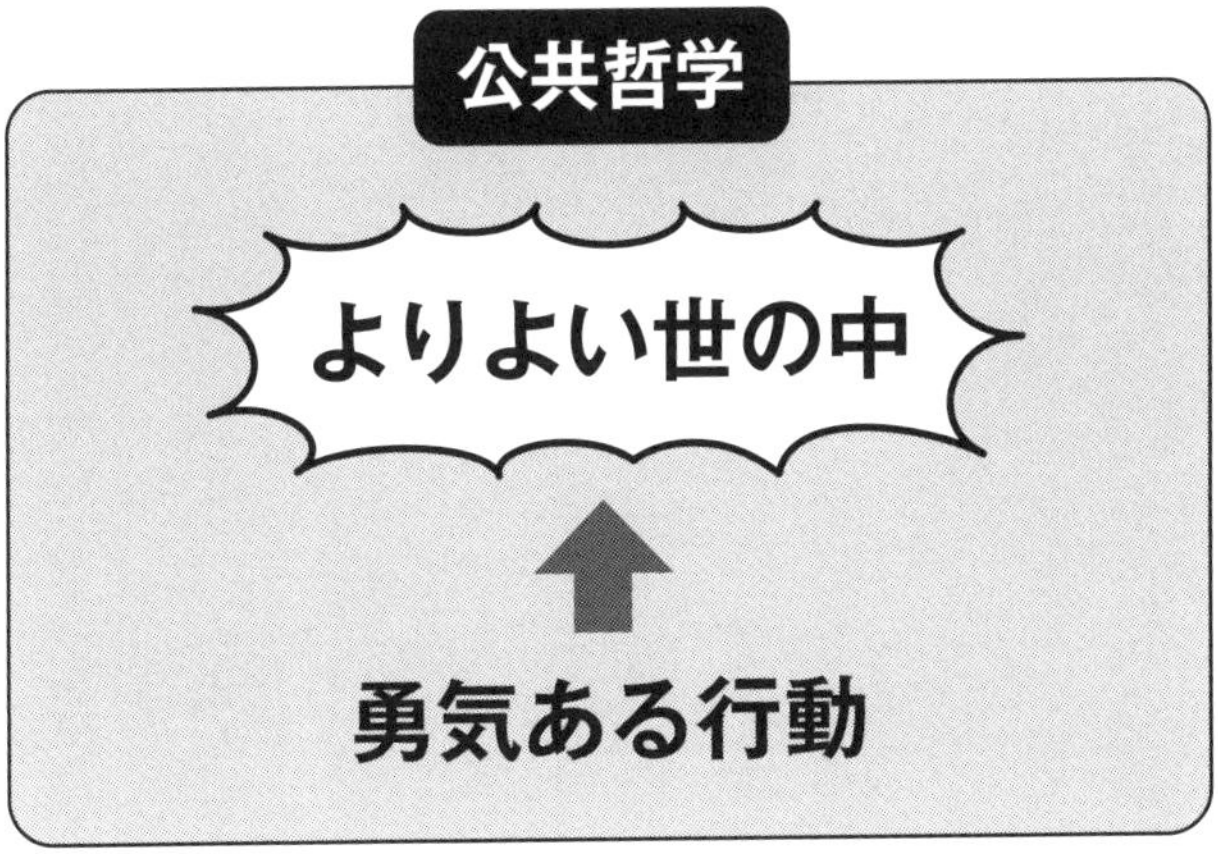

「男性の育休」を普及させる方法

アーレントはユダヤ系であり、また女性だったので、20世紀の思想界で活躍するにはさぞ大変な苦労をしただろうと思います。しかし彼女は持ち前の勇気を生かして、世の中の常識を変えることに果敢に挑戦しました。

ナチスに追われてアメリカに亡命した彼女は、そのナチスの犯罪になんとユダヤ人自身が加担していたことを告発し、議論を巻き起こしました。

彼女自身、ユダヤ人社会に属しているわけですから、いわば身内を告発するような行動をとるのは、大変な勇気が必要だったはずです。しかしアーレントは、批判を恐れるあまり誰も行動しないなら、世間の人々が問題について考えるきっかけすらないまま、世の中全体が思考停止に陥ってしまうと確信していました。

ナチスという悪を生み出したのがそうした一般大衆の思考停止であったように、これこそアーレントが最も問題視した点でした。

自らが実践してみせたように、勇気ある行動を辞さず、それをきっかけに社会全体に対して思考を促していくことを通じて、アーレントは公共哲学の祖と称されるようになります。

公共性、つまり世の中を健全なものにしていくために何が必要なのか、それこそナチスによる迫害や男女差別的な思想界と格闘しつづけたアーレントの最大のテーマでした。

相談者ご自身や奥様が会社での立場を気にされるお気持ちはよく分かります。一方で、急速に時代が変化する中で、日本社会における育児休暇への考え方もまた、急激に変わり始めていると思います。

実際、育児休暇取得を理由に転勤を命じたという某社の事件が起きた際、ネット上では当事者のご夫婦に同情する書き込みが殺到し、あっという間に炎上、企業側としては大きなイメージダウンを危惧する事態となりました。

したがって、相談者が思い切って育児休暇を取得したことで、勤務先の会社から左遷のような扱いを受けたとしても、特にネット上の世論は相談者の味方をしてくれると思います。

また、某社が大炎上した事件のあとで、勤務先の会社が炎上リスクを冒してまで、相談者に対する不利な扱いを断行する可能性は低いと思います。

何よりも、ご自身の行動が正しいと確信しているなら、社会全体をより良い方向へ変えていくために、勇気ある行動をとることは「善」ではないでしょうか。

生まれてきたお子さんのためにも、男女ともが生きやすい世の中を実現するために、思い切って育児休暇を取得していただきたいと思います。

Philosoper

ハンナ・アーレント（1906～75年）

ドイツ出身の女性現代思想家。ユダヤ系であるがためにアメリカへの亡命を余儀なくされた経験から全体主義の分析を試みた。仕事のほかに社会での活動の重要性を説く現代公共哲学の先駆者でもある。著書に『全体主義の起原』『人間の条件』などがある。

お勧めの本

仲正昌樹著『悪と全体主義』（NHK出版新書）

なぜ空気を読んでしまうのか

新型コロナウイルスの感染拡大によって「緊急事態宣言」が出されました。この宣言では「自粛」を求められるばかりで、私権や行動の制限はあまりなかったのですが、諸外国では外出禁止などの措置を強権的に進めたところもあります。どさくさ紛れに権利を縮小するような法案が通ってしまうのでは、という心配をする有識者もいるようです。自粛に従わない人には文句を言ったり、暴言を吐いてもかまわないというような雰囲気もあって、怖いなと思ってしまいました。そんな風潮をどうすればいいでしょうか？

相談者より

新型コロナウイルスの広がりは、急速な社会の変化をもたらしています。その最たる例が、「緊急事態宣言」とロックダウンの可能性ではなかったかと思います。

緊急時には深い議論をする時間がないまま、多くの事柄を決めざるを得ません。政府の要請には、公的機関だけでなく民間企業も従うしかありませんが、それ以上に、国民性として「空気を読み過ぎる」とも言われる日本では、気を回しすぎて過剰に対応してしまうことも多々あるように思います。

皆さんの周りでも、たとえば、対面の商談や取引、会食や懇親会を一切とりやめた会社もあると思いますが、本当にそこまでの対応が必要だったかどうか、疑問に思うようなこともあるのではないでしょうか。

そんな中で、気がつけば、首をかしげてしまうようなおかしなことが起こっている可能性は否定できません。そんな時代に私たちはいったいどうすればいいのでしょうか。

「自分で考える」批判精神を養う方法

そこで参考になるのが、アメリカの哲学者コーネル・ウェストの思想です。

ウェストはこれまで人種問題や民主主義の問題を論じ、かつ自らもデモに参加したり、抗議活動で逮捕されるなど、「行動する哲学者」として活躍してきました。メディアでも積極的に発言し、テレビでもおなじみです。

おかしなことに立ち向かう

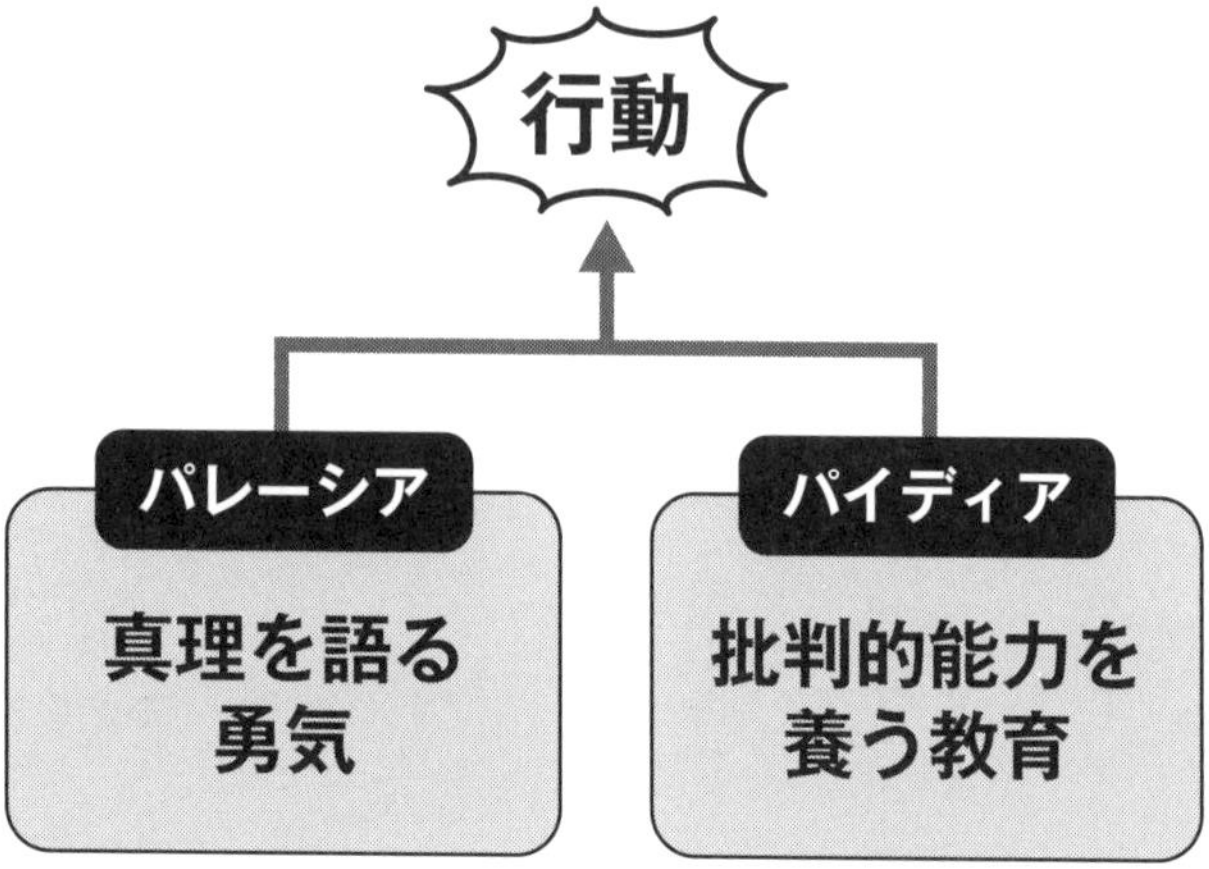

ウェストによると、おかしなことに立ち向かっていくためには、「パレーシアとパイデイア」が必要だと言います。いずれも古代ギリシャの哲学用語ですが、「パレーシア」とは危険を顧みず真理を語る勇気のことで、「パイデイア」とは批判的能力を養う教育のことです。

この2つはいつも車の両輪のように、同時に求められる能力だろうと思いますが、勇気をもって真理を語るために日ごろから批判的能力を養っておく必要があります。

逆に批判的能力を養うためには、勇気をもって真理を語る人を見たり、そうした人に教えを請う必要があるともいえます。

どさくさ紛れの変更や、過剰な自粛の風潮に対抗するために私たちがすべきことは、勇気をもって発言することではないでしょうか。緊急事態だから歯向かわずに黙っていようとか、意見を言うと叩かれそうだから黙っていようなどと萎縮していると、「同調圧力」に屈してしまったも同然です。また、緊急事態に乗じて世間にあふれる誤った情報の数々を、批判的に見ていくことも必要です。
まずは周囲の人たちに自分の考えをぶつけてみて、互いに意見を出し合い、吟味し合ってみてはいかがでしょうか。

Philosoper

コーネル・ウェスト（1953年～）

アメリカの哲学者。人種問題や民主主義の問題を専門的に論じている。活動家であり、メディアにもよく登場している。著書に『人種の問題』など。

お勧めの本

コーネル・ウェスト著『民主主義の問題　帝国主義との闘いに勝つこと』（法政大学出版局）

「対処法が分からない」時の考え方

政府が緊急事態宣言を出し、私も在宅勤務になりました。これまでは雨が降ろうが槍が降ろうが毎日出社することが当たり前という会社人間でしたが、生活が一変したことで、お恥ずかしい話ですがかなり動揺してしまっています。慣れないリモートワークに悪戦苦闘していることもありますが、自分の仕事を自分で管理していかなければならないことを負担に感じてしまいます。コロナは一過性ではなく、今後ずっとコロナとの共存が続くとも言われています。これからどう過ごしていけばいいのでしょうか。

相談者より

人によって差はあるものの、コロナによって私たちが体験した「自粛生活」のつらさは、多くの方が感じていることと思います。外出もできない、仕事もこれまでとは違うやり方が求められる、何より先が見えないことが、私たちの不安を高めます。どうすればいいのか分からない時ほど、苦しいことはありません。

とはいえ、一見したところ対処法がさっぱり分からないような未曽有の事態であっても、過去を調べてみると、参考になる「似た出来事」が必ず見つかるものです。

コロナの場合、たとえばペストのような、人類に大きな被害を及ぼした疫病の事例から学ぶことができると思います。

「淡々と目の前のことをやる」ことで突破口を見つける

フランスの作家で哲学者のアルベール・カミュが『ペスト』という小説を書いていますが、この中で彼はこうした状況への一つの答えを明らかにしてくれています。

カミュといえば、『異邦人』などの不条理をテーマとした小説でよく知られていますが、彼の思想は単に「人間にとって世界は不条理なものだから、ひたすら受け入れるしかない」というものではまったくありません。むしろカミュが小説『ペスト』においてテーマとしたのは、疫病、特にパンデミック（世界的大流行）のような「不条理な状況」をどう乗り越えるか、ということでした。

小説『ペスト』では、舞台となった町がペストの流行によって封鎖されるところから話が始まります。そんな中、主人公の医師リウーは、仲間と共にペストと闘うのですが、彼がそのための唯一の方法として挙げたのは「誠実さ」という言葉でした。

「誠実さ」とは、自分の仕事を果たすことだと語られています。

パンデミックという異常な事態において、人々の心はどんどん異常な状態になっていきます。結果として皆、刹那的になったり、極端に絶望したり、あるいは絶望に慣れてしまったり、猜疑心を強めたりしてしまいます。

実際に新型コロナウイルスのパンデミックにおいて、世界的に見てもＤＶ（ドメスティックバイオレンス）が増えているといいます。

人間がそうした異常な心理に陥ってしまうのはどうしようもないとしても、そんな状態では拡大を続けるウイルスとの闘いに勝つことは難しいでしょう。だから「誠実さ」が重要だとカミュは言っているわけです。

私たちは今こそ正気を取り戻し、自分たちが社会の一員として担ってきた役割を、「誠実さ」をもって、淡々とこなしていかなければなりません。

在宅勤務（テレワーク）だろうと、十分にパフォーマンスが発揮できなかろうと、モチベーションを下げている暇はありません。

一人ひとりがそのように「誠実さ」を保ち、淡々と努力を続けていく中から、お互いの共感が生まれ、やがて大きな連帯が育まれていく様が『ペスト』の読みどころなのですが、カミュがこうした描き方をしたことは実に素晴らしいことだと思います。

連帯とは各自の能力や知識を最大限発揮しながら、それを互いに組み合わせて、現下の大きな問題に対峙することだと思います。

相談者もまずは自分の仕事を淡々と進めることが、人類全体のコロナ対策につながると思ってみてはいかがでしょうか。

Philosoper

アルベール・カミュ（1913～60年）

フランスの小説家・哲学者。不条理をテーマとした文学で有名。ノーベル文学賞受賞。著書に『異邦人』『シーシュポスの神話』など。

お勧めの本

カミュ著『ペスト』（新潮文庫）

お金にはなぜ価値があるのか

新型コロナウイルスの感染拡大のため緊急事態宣言が出され、外出自粛によって経済が悪化するため、政府は国民全員に一律10万円の特別定額給付金を支給しました。ただ、私は公務員なので、給付金をもらっていいのかどうか、いろいろ考えてしまいます。

給付金は本来、経済の悪化に歯止めをかけるためのものです。私がこの10万円を使うことで経済がその分良くなるので、私が公務員かどうかはあまり関係ない話のはずです。

ですが、一部の自治体で「職員には10万円を返上してもらう」と宣言していたよう

に、公務員が給付金を受け取ることに抵抗がある人が一定数いるようです。個人的にお金に困っているほどではありませんが、子供の教育費もかかるので、10万円はとてもありがたいのですが……。

相談者より

国民全員に10万円を支払う定額給付金は、さまざまな議論を呼んでいます。

もともと、営業自粛によって経営難に陥った自営業者だけに10万円でなく30万円を給付するという案もありました。すると、30万円貰えると期待していた自営業者にとっては、貰える金額が10万円に減少したわけですから、複雑な気持ちではないかと思います。

収入に余裕があり、生活に困っていない人も、逆の意味で10万円の扱いに困っているかもしれません。お金に余裕があるくせに給付金をもらったと、陰口をたたかれかねないからです。

給付金は自己申告制ですので、受け取るかどうかの判断に、各自の倫理観が問われるように感じるのだと思います。まして公務員の場合、世間の風当たりも強いので、受け取るのに躊躇してしまうのはよく分かります。

広島県の知事が県職員から10万円を集め基金を作ると言って批判されましたが。知事がそうしたアイデアを持つに至ったのも、公務員の側に「給付金を受け取ると世間から批判されかねない」という思いが、広く共有されていたからではないでしょうか。

いったい、どうしてこのようなことになってしまうのでしょうか？

お金の価値は「目的」で決まる？

これは、そもそもお金とは何かという問題にまでさかのぼって考える必要がありそうです。参考になるのは、ドイツの哲学者ジンメルの貨幣に関する考え方です。

ジンメルによると、貨幣とは最終的な価値への「橋渡し役」にすぎないと言います。つまり、お金は最終目的ではなく、それを何に使うのかが重要だということです。

だから彼は、「しょせん人間は橋の上に住みつくことはできない」とも言います。お金は橋のようなものであって、自分が行きたいところに行くための道具なのです。

どれほど立派な橋であっても私たちは橋の上に住み続けるわけにはいきません。同様に橋がたくさんあるかどうかということに、あまり意味はないのです。ゆえに、お金というものは、とにかくたくさんあればいいというものではなく、目的を成し遂げるために必要なものなのです。

こうしたお金の見方は、広く一般の人が漠然ともっている価値観とそれほど違いはないのではないかと思います。ただお金を使う側の「常識」が、お金を配る側にとっては「常識」として共有されていないような気がします。給付金をめぐる騒動は、こうしたことを背景に起こったのではないでしょうか。

相談者も、まず10万円の使い道をよく考えてみてはいかがでしょうか。

本当に有益な使い道を思い描けているなら、10万円をもらうことへの罪悪感が薄らぐはずです。そうすると、給付金を受け取るべきかどうかの答えもおのずと出てくるように思います。

Philosoper

ゲオルク・ジンメル（1858〜1918年）

ドイツの哲学者、社会学者。哲学の分野では生の哲学に、社会学の分野では形式社会学の形成に貢献した。著書に『社会的分化論』などがある。

お勧めの本

ジンメル著『ジンメル・コレクション』（ちくま学芸文庫）

「夢を追う人生」と「地に足がついた生活」どちらが良い？

私がいま勤めている会社が早期退職の募集を始めました。45歳から55歳の社員が対象で、私も対象になります。

営業部で課長を務めていますが、会社の先行きも不安なので、応募しようかと思っています。

人事と相談してみたところ、まとまった金額の退職金が支払われるそうです。

そのお金を元手に、一念発起して起業してみようかとも考えています。

一時的に生活は苦しくなると思うのですが、妻は働いているので、なんとかなると思っていたのですが、妻に相談したところ、子供の教育費を考えると会社を辞めてほしくない、と言われてしまいました。

私としては、一時的に生活が苦しくなろうとも、長い目でみれば、起業によって収

入が増えると思っていたのですが、妻に反対されたことで、起業を成功させる自信が揺らいでいます。

起業がうまくいく見込みが薄いなら、たしかに早期退職するより今の会社で働き続けるほうが安定しているし、収入もいいと思います。

ただ、起業にリスクがともなうのは当然の話で、悪い予想ばかり信じていては行動できないとも思います。

いろいろ迷っているうちに、早期退職すべきかどうかについて、何を基準に考えていいのか分からなくなってしまいました。

相談者より

何を基準に進路を決めればいいのか。まず、ここで選ばなければならないものを考えてみましょう。

早期退職に応募すれば、今まとまったお金が入ってくるので、そのお金を元手に新しい道を歩むことができます。ご本人としてはつらい立場のまま会社にしがみつくよりも、起業という夢を追いかけた方が生き生きとした日常を送れるでしょう。その結果がどうであれ。

2つの倫理

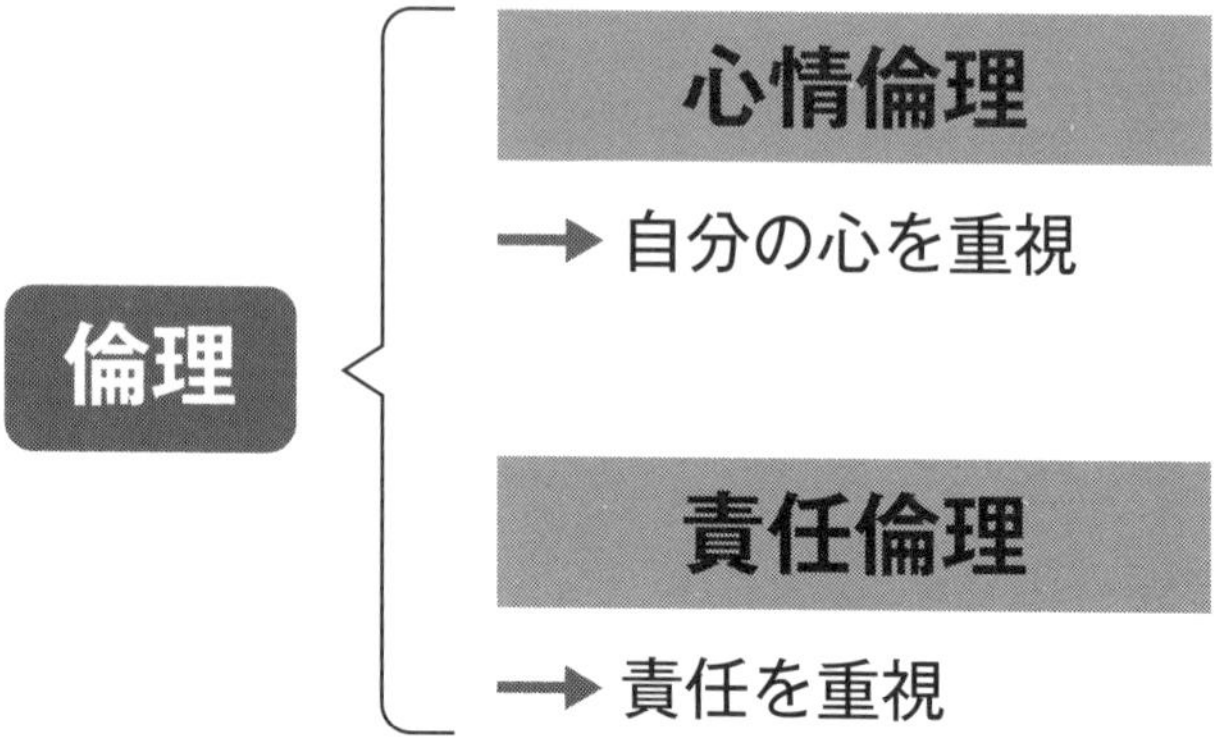

それに対して、会社に残ればとりあえずの安定が得られるので、起業が失敗する可能性を考えると、トータルではよりお金が得られる選択肢かもしれません。

安定した収入を得られるほうが、家族への責任を果たせるでしょうし、ご家族としてもそのほうが安心でしょう。ただ、ご本人は少なくともあと十数年の間を我慢して過ごさなければなりませんし、その後は起業するという夢が実現する可能性が残っているかどうか分かりません。

つまり、ここで相談者が迫られているのは、単にどちらがよりお金を稼げるかという問題ではなく、自分の夢か、家族への責任かという「究極の選択」なのです。

自分の心情を重視するか、責任を重視するか。まさにこの2つの倫理を比較して論じているのが、ドイツの思想家マックス・ウェーバーです。

「自分の心への責任」か「結果への責任」かが問題

彼は職業としての政治について論じる中で、心情倫理と責任倫理という2つの倫理を紹介しています。

心情倫理とは、自分の心に従うことにこそ価値があるという考え方です。行動した結果がどうなるかは個人には予想できませんので、行動の責任は個人ではなく社会や神に帰せられるということになります。

責任倫理とは、行為の結果について予測したうえで行動すべきという考え方です。結果については当事者である個人が十分に予測したうえでの行動ですので、結果がどうなるかについてはその個人が責任を負うべきだと考えます。

相談者の場合には、自分の夢を追うというのは心情倫理に従うということを意味しています。そして、家族への責任を重視し会社にとどまるというのは、結果が予測できているわけですから、責任倫理に従うことを意味します。

今の自分の考え方や、置かれた状況から考えて、どちらの倫理に従うほうがいいのか、じっくり考えてみてはいかがでしょうか。

基準さえはっきりすれば、決断するための道筋が明らかになり、選びやすくなるはずです。どちらを選ぶにせよ、納得してもらえるまで説明を尽くすことができれば、きっと家族には分かってもらえると思います。

Philosoper

マックス・ウェーバー（1864～1920年）

ドイツの社会学者。官僚制の分析や支配の理論などで有名。プロテスタンティズムに基づく勤勉さが、西洋社会に資本主義の発展をもたらしたと主張した。著書に『職業としての政治』『職業としての学問』などがある。

お勧めの本

仲正昌樹著『マックス・ウェーバーを読む』（講談社現代新書）

なぜ犬やネコには責任を問えないのか？

念願だった役員に昇格できたのでとてもうれしいのですが、他方、会社の不祥事などに巻き込まれないかと戦々恐々の毎日を送っています。

自社の商品を使って事故が発生し、死傷者が出てしまった場合、企業は刑法上の責任主体ではないので、経営者個人の社会的責任が問われます。

しかし、経営者も独裁者ではなく、企業としての組織判断で動いているのが普通ですから、こうした場合に経営者個人の責任だけが問われるのはおかしいと思っています。

法人としての企業そのものの責任こそ問うべきだと思うのですが。

相談者より

たしかに企業は、刑法上の責任を負う主体にはなっていません。ただ、ビジネス倫理という観点からは、当然、企業も何らかの責任を負うべきだという議論がなされています。

その草分けとも言うべきなのが、アメリカの哲学者ピーター・フレンチの理論です。

フレンチは、企業に責任を負わせるためには、企業自体が道徳的人格であると見なす必要があると言います。

つまり、企業に「行為者性」があるか否かが問題だということです。

「行為者性」とは、ある人が信念と欲求を持って意図的に行動する時に、初めて認められるものです。

こうした信念や欲求が認められる限りにおいて、その人を行為者であると言えるわけです。

逆に、その人が他者の命令によって機械的に動いているだけの場合、行為者性は認められないということになります。

ネコや犬も責任主体となり得る？

企業には意思決定をするための組織や規則があります。そうした企業のルールは、人間における信念に該当すると考えられますので、法人も信念や欲求を持って意図的に行動している、と見

企業に責任を負わせる

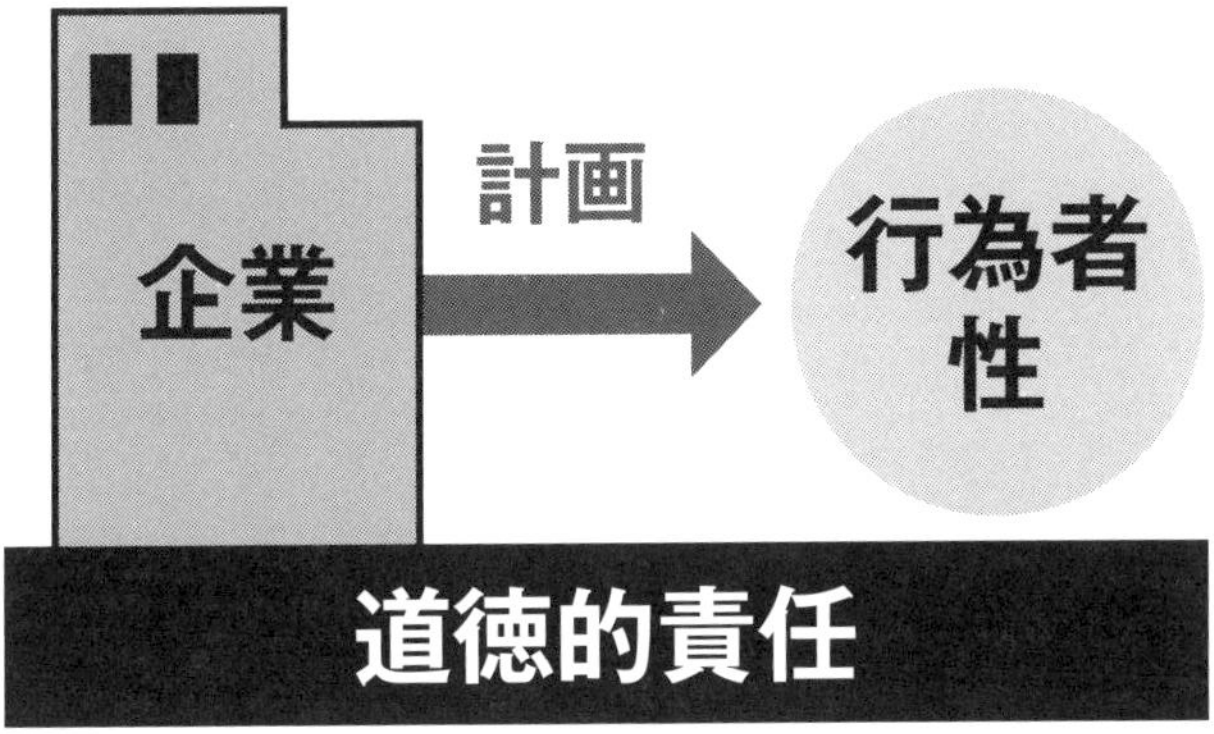

なすことはできそうです。

しかし問題は、そうしたことをもって人間以外にも心的要素を認めてしまうと、企業どころか、極論を言えば動物にも信念を見いだし、道徳的人格性を認めざるを得なくなってしまうことです。

ネコや犬だって信念や欲求を持っていると見なすことはできそうだからです。

実際そうした批判を受けて、フレンチは信念や欲求とは関係のない「計画」という概念に着目します。

企業には必ず計画がありますが、それは必ずしもその主体が信じていなくとも策定され、また欲求などなくとも実行されるものです。計画の策定や実行に信念や欲求といった心的要素は必要ありませんが、少なくとも計画の策定者や実行者は、その当事者であるとは言えるわけです。

企業がこうした計画を策定し、実行する主体である以上、そこに何らかの行為者性を認めることは可能で、それをもとに道徳的責任を問えるのではないかとフレンチは言っています。

もちろん、こうした議論にはさまざまな批判があります。企業という人間ではない存在に対して、あたかもそれが人間であるかのように見なし、責任を負わせるのはそう簡単ではないからです。

大切なのは経営者がもっと自社の計画に目を配り、不祥事を起こさないようにすることでしょう。多くの不祥事は、その目配りが足りないために生じているものです。

経営者か企業、どっちが責任を負うべきかという議論をする前に、もっと経営者にできることがあるように思うのです。

Philosoper

ピーター・フレンチ（1942年〜）

アメリカの哲学者。倫理について幅広く論じているが、特に企業倫理を専門とする。著書に『Corporate Ethics』（未邦訳）などがある。

お勧めの本

盛永審一郎他編『いまを生きるための倫理学』（丸善出版）

第5章

「つながり」が分かればビジネスはうまくいく

権利はどこまで主張していいのか

私は匂いに極端に敏感で、特に煙草の匂いが大の苦手です。吸っている人を見ると嫌な気分になってしまうほどです。

最近はレストランでも全面禁煙が増えましたし、公共施設などもほとんどが禁煙か分煙になりました。しかし、職場の同僚がヘビースモーカーだと、どうしても煙草の匂いや煙で嫌な思いをすることがあります。

仕事中に煙草休憩を取られるのも嫌ですし、かといってプライベートの時間に吸っているからといって、洋服や持ち物に匂いが染みついた状態で出社されるのも辛いです。

煙草の匂いが苦手というのは私の都合なのは分かっています。ただ、世間一般が煙草に厳しくなっているので、私と同じように煙草嫌いの人も多いはずです。喫煙する人に、煙草をやめてくださいと言ってはいけないのでしょうか。

相談者より

基本的に喫煙に関する規制は、これまで副流煙の害など他者危害原則をベースに論じられてきました。

他者危害原則とはイギリスの哲学者J・S・ミルが唱えたもので、他者に危害を及ぼさない限り、個人の自由は保障されるべきだという考え方ですが、おそらく多くの人がこの考えに同意することでしょう。

したがって、公的空間での喫煙は、他者に危害を及ぼすという理由で規制することが可能です。ところが、相談者のご意見のように、自宅で煙草を吸う分にはその人の自由であって、誰かに危害を及ぼすわけではないので、他者危害原則に該当しないため、規制できません。

煙草をやめさせるのは悪？

一方、自分の愛する人や家族、同僚がヘビースモーカーの場合はどうでしょうか。

喫煙によって肺の機能低下やぜんそくなどの健康被害が発生するため、これを理由に身近な人の喫煙についても禁止することができそうに思われます。世界で猛威を振るう新型コロナウイルスに感染した場合、喫煙者は重症化しやすいことが指摘されていますので、健康被害は甚大だといえるかもしれません。

喫煙の規制はできる？

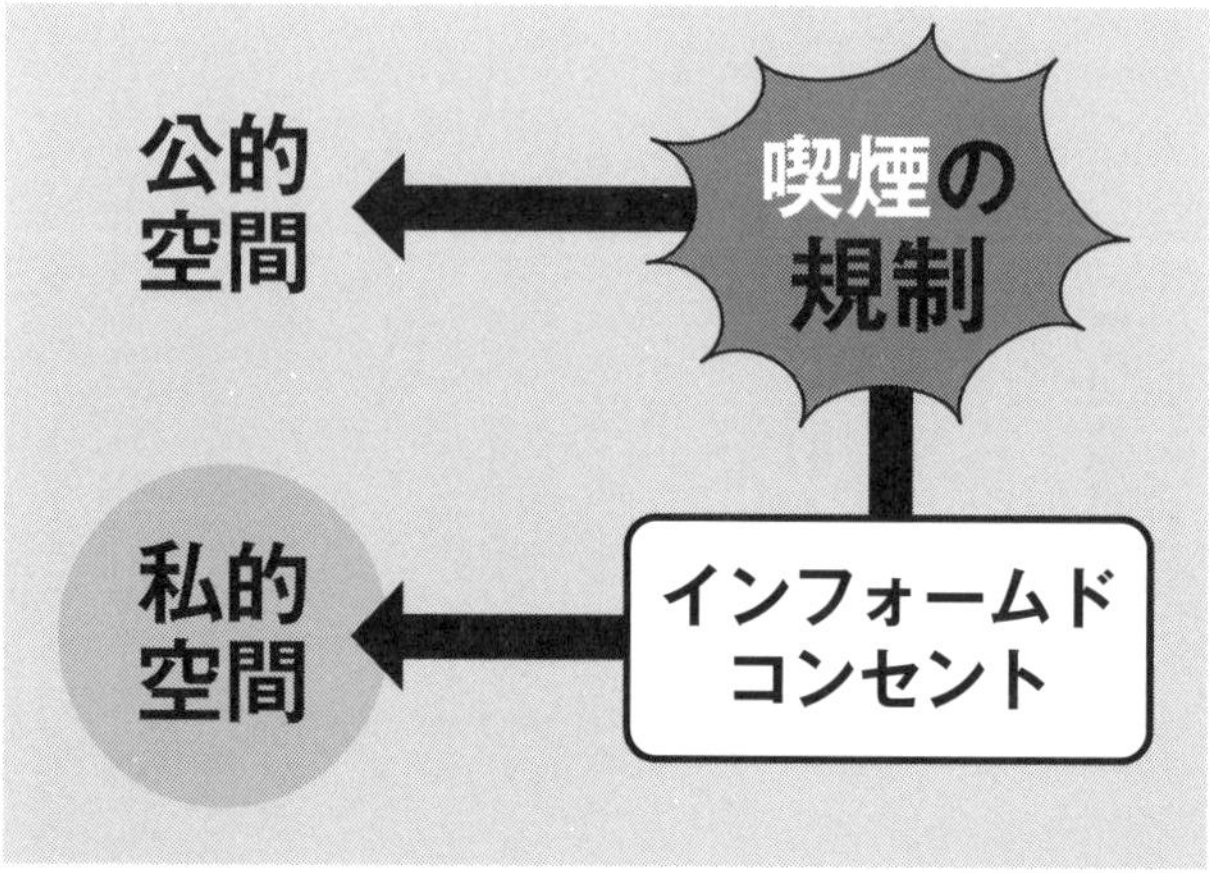

この点について、オーストラリア出身の哲学者ロバート・グッディンは、公的空間における他者危害原則の適用を念頭に置きつつ、私的空間における喫煙についても規制できると論じています。

グッディンによると、喫煙に関してはインフォームドコンセントが成り立っていないので、喫煙者は不十分な情報をもとに判断しているため、喫煙によって生じる健康被害に責任を負えないといいます。その点において、喫煙者の権利制限になるとしても煙草をやめるように介入する余地があるというのです。

インフォームドコンセントとは、医療の現場で使われる用語で、治療方針の説明を医師から十分に受け、患者側が理解したうえで、患者自ら治療法を選択・合意するということです。

一般に喫煙者は、喫煙の害悪について十分なリスクを知らされているとは言えません。私は喫煙者ではないですが、そんな教育を受けた覚えはありませんし、仮に弊害を知らされても、喫煙は依存性が強く、必ずしも自発的な同意が医師との間で成立したとは言えないというのです。したがって、政府は私的空間における喫煙に関しても規制をすることが可能だということになるわけです。

こうした考え方があるとはいえ、相談者が同僚にいきなり禁煙を要求したりすれば、きっとトラブルになってしまうでしょう。

ただ喫煙の害についてそれとなく伝えるなど、正しい情報提供をしていくことで、間接的に目標を達成することはできるかもしれません。

往々にして喫煙者は煙草の害を伝える情報に目を背けがちですから。

Philosoper

ロバート・グッディン（1950年〜）

オーストラリア出身のイギリスの哲学者。倫理を専門としている。未邦訳だが『No Smoking』という著書がある。

お勧めの本

児玉聡著『実践・倫理学』（勁草書房）

「全体の利益」と「個人の利益」どちらが大事なのか

高齢ドライバーによる交通事故が社会問題になっています。私の父親は今78歳なのですが、免許証を返納するように言おうと思っています。

ただ、「運転をやめ移動手段がなくなった高齢者は、運転を続けている人と比べて、要介護状態になるリスクが2・2倍になる」という研究もあるそうです。

私が父に免許を返納させたことで、父の健康状態が悪化したらどうしよう、と思っています。父は高血圧の薬を飲んでいる以外はほぼ健康といっていいので、健康が悪化したら私の責任です。一方で、もし父がこのまま運転を続けて事故を起こせば、

社会から批判されるだろうという気持ちも強いです。とはいえ、社会全体の安全のためには親を切り捨てなければいけないとも思います。私はどうすればいいでしょうか。

相談者より

高齢ドライバーが事故を起こすまで運転させ続けていていいのか、それとも高齢ドライバーに運転させないことで不自由や不利益をこうむってもいいのか。相談者はこの二律背反のジレンマの中で悩んでおられるのだと思います。

しかし、実はこれは決して二律背反のジレンマではありません。社会全体の幸福という視点を設定すれば、簡単に答えが出る問題です。

そこで参考になるのが、イギリスの哲学者ベンサムの功利主義です。

ベンサムは幸福な世の中をつくるためには、効用、すなわち制度や行為の結果として生じる快楽を最大化する必要があると考えました。なぜでしょうか。

苦痛と快楽という2つの明確な基準が人の判断を決定するということが基本的な認識としてあったからです。これを「功利性の原理」と呼んでいます。

高齢者は免許を返納すべき？

「功利性の原理」においては、快楽が善で、苦痛は悪です。よって、人が幸福になるためには、快楽の量を計算し、快楽が苦痛を上回るようにすればいい、ということになります。

一方、社会全体の幸福とは、そもそも社会を形成するのは一人ひとりの個人なわけですから、できるだけ多くの個人が幸福でいられる社会こそ良い社会だと考えられます。

これを端的に表現したスローガンが「最大多数の最大幸福」という言葉です。できるだけ多くの人が、できるだけ多くの幸福を得られるのが正しい世の中だ、というのがベンサムの唱えた「功利主義」の考え方です。

現代社会は、多かれ少なかれこの功利主義を基に設計されているとも言えます。つまり、私たちの社会制度が目指しているのは、社会全体の幸福のはずだからです。

高齢ドライバーの免許返納によってもたらされる快楽と苦痛を計算すれば、どうすべきか答えはおのずと出るでしょう。免許を奪われる高齢者の不便さ、移動手段を奪われたことによって健康状態が悪化するリスク、現段階での事故を起こす可能性、これらを量的に計算してみればいいのです。

正確な数値を算出せずとも、こうした考え方が判断の助けになるのではないでしょうか。

相談者のお父さまのように健康な高齢者の場合、健康で安全運転が可能な限りは、免許を返納するより運転を続けた方が、本人も幸福ですし、個人の幸福の総和としての社会全体の幸福も達成されるものと思います。

世間の動きにあわせてなんでもかんでも杓子定規にとらえる必要はないと思います。安全運転できている限りは、運転できない不自由さと、健康悪化リスクを考慮すれば、免許を返納する必要はないと思います。

ご本人の健康が悪化するなど、もっと安全運転への影響が心配されるようになってから、免許を返納しても遅くないように思います。

まず必要なのは、ご家族同士で日々密なコミュニケーションを取り、健康状態とご本人の意志を把握しておくことではないでしょうか。

Philosoper

ジェレミー・ベンサム（1748～1832年）

イギリスの哲学者。快楽計算によって幸福の量を測ることができると訴えた功利主義の祖。「最大多数の最大幸福」というスローガンが有名。著書に『道徳および立法の諸原理序説』

などがある。

お勧めの本
児玉聡著『功利主義入門』（ちくま新書）

人間はいずれ地球環境を破壊してしまう？

近年は毎年のように豪雨による災害が起きています。そうした災害が地球温暖化にともなう異常気象によるものだとすると、やはり環境問題に無関心ではいられないと思います。

そう思って何か自分でもできることをしていきたいと思いますが、何をしていいのかよく分からないので、今のところまだ何もやっていません。そんな自分を情けなく思うことがあります。

環境活動家のグレタ・トゥーンベリさんのニュースを見ると、叱られているのは自分だという気がしてしまいます。

相談者より

たしかに世界的に異常気象が続いています。地球温暖化の影響も大きいと思われる以上、人類は力をあわせて何かをすべき時に来ているように感じます。

アメリカが、気候変動抑制に関する国際協定「パリ協定」から離脱したことは大変残念ですが、それでも世界全体としてはＳＤＧｓ（持続可能な開発目標）を掲げて、何とか対処しようと頑張っています。

思想の世界では「人新世《じんしんせい》」という概念が近年注目を集めています。人新世とは地質学の用語で、これまで1万年以上続いてきた完新世《かんしんせい》が終わり、新たに到来したとされる年代のことです。もとの英語アントロポセンという単語は、直訳すると「人類の時代」という意味になります。

ちなみに、大ヒットしたアニメ映画「天気の子」にもこのアントロポセンという単語が登場していたので、ご記憶の方もあるかと思います。

ています。

「人新世」とは何か

この概念は、1995年にノーベル賞を受賞した科学者のパウル・クルッツェンの提案とされています。

クルッツェンによると、グローバルな環境に及ぼす人間の痕跡があまりに巨大なものになり過ぎており、地球システムに及ぼす人類の影響が自然の巨大な力に匹敵するほどの規模になっていると言います。つまり、二酸化炭素の排出を通じて、人類が地球に大きな影響を及ぼすような時代へと、すでに突入してしまっているのです。

よって今の地質年代を「人類の時代」と名付けようというわけです。個人的には、人類が地球を壊し始めた時代と名付けたいところですが……。

そうした時代ゆえ、人類一人ひとりが、地球の修復作業に取り組む必要があるのではないでしょうか。

人新世という時代が始まったのは、決して言祝《ことほ》ぐようなことではないどころか、むしろ人類の歴史の「終わりの始まり」であると認識しなければなりません。

そう考えると、今求められているのは、先の完新世時代のように、人類の幸福のためなら地球にどんなに被害を与えてもいいといった考え方とは真逆のものです。それは被害の程度を抑えようというレベルの対症療法でさえもなく、もっと地球にとってプラスになるような行動であるべきです。

個人レベルでも、地球にやさしく燃費もいい車の運転を心がけるとか、自治体やボランティア団体に問い合わせて植樹や水の浄化活動に参加するといった行動はすぐ始められるはずです。たとえば自分の会社にも植樹活動に寄付するように提案したりしてみてはいかがでしょうか。

Philosoper

パウル・ヨーゼフ・クルッツェン（1933年〜）

オランダの大気化学者。ノーベル化学賞受賞。専門はオゾンホールの研究。

お勧めの本

クリストフ・ボヌイユ、ジャン＝バティスト・フレソズ著『人新世とは何か──〈地球と人類の時代〉の思想史』（青土社）

ポピュリズムの何が問題なのか

白人の警官が不必要な暴力をふるって黒人男性が死亡したとされる事件が発生、それをきっかけに全米で抗議デモが起こり、大問題になりました。トランプ前大統領は、軍を投入してデモを鎮圧しようという強行姿勢で臨んだそうですが、ちょっと極端すぎる気がします。

私の考えですが、トランプ氏のような政治家は強硬姿勢をアピールすると支持率が上がると思っているのではないでしょうか。

世界を見渡すと、同じような手法で政権を維持している政治家がたくさんいるように思います。

相談者より

トランプ前大統領は強引なやり方を終始変えませんでしたね。どうしてあそこまで気に入らない人や移民に厳しい姿勢をとれるのか、疑問に感じることもあります。

ただ、果たして彼だけが特殊な政治家だったのかといえば、そうではないのも事実だと思います。ヨーロッパを中心に、世界ではトランプ前大統領と同じように排除の主張を繰り返すリーダーが次々と誕生しています。だからトランプの退場ですべてが終わるわけではないのです。これはいわゆる「ポピュリズム」の問題をはらんでいます。

悪者を「作り出す」手法が蔓延している

ポピュリズムとは、カリスマ的な政治家が民衆の不満をうまく利用して、人気取り政治を行うことを言います。ドイツ出身の政治思想家ヤン＝ヴェルナー・ミュラーは、他の考えや道徳を認めようとしない「反多元主義」に、ポピュリズムの本質を見いだしています。

本来民主主義は、少数者を含めて、さまざまな立場の声を政治に反映して国を一つにまとめる制度ですが、それが今機能不全に陥っているように思います。

本来は全員の声に耳を傾けるべきなのに、一部の人たちの声にしか耳を貸そうとしない政治家が、その一部の人たちの強い後押しで当選してしまうという現象が起こっているのです。

ポピュリズムと民主主義

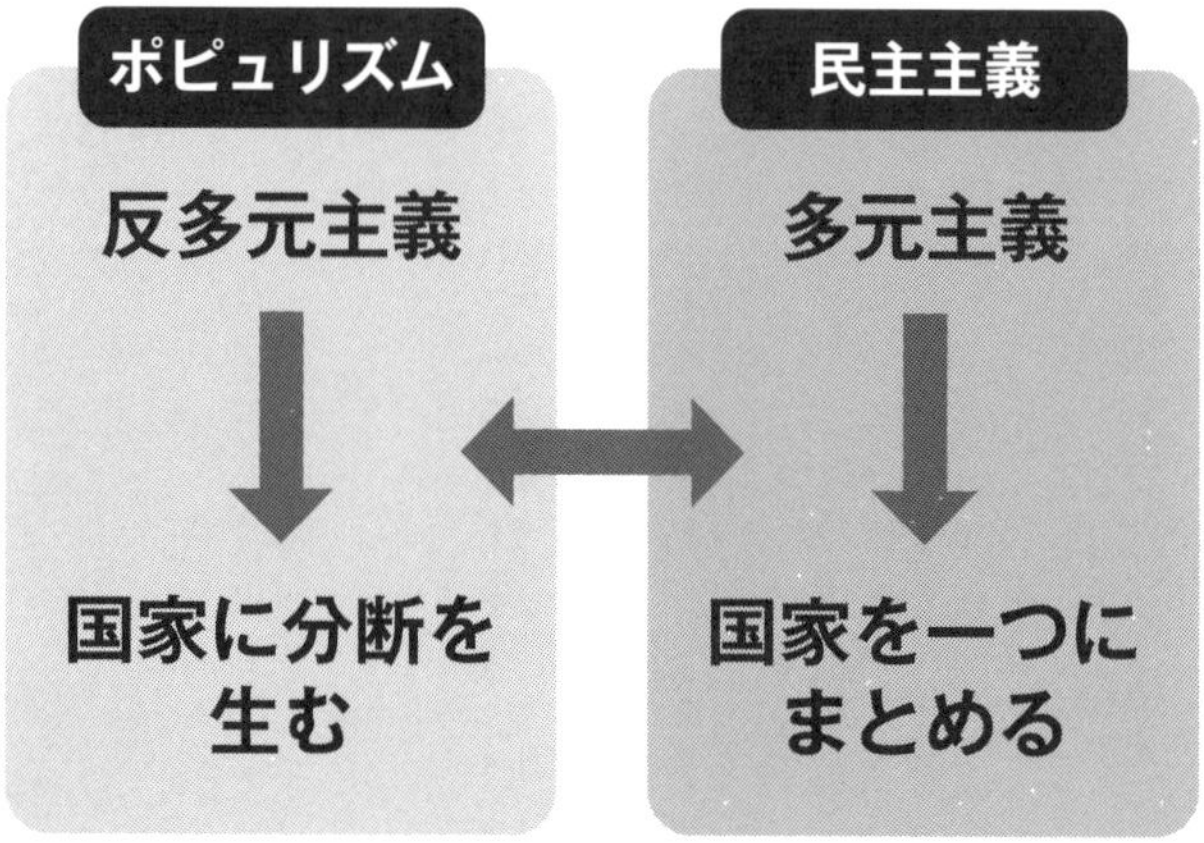

　そうすると、声を聴いてもらえなかった人たちは永遠に排除されてしまい、恩恵を受ける人たちとそうでない人たちとのあいだに、深い分断が生じるわけです。

　では、どうするべきでしょうか。ポピュリズムの本質が反多元主義にあるなら、一人ひとりがもっと多様な声に耳を傾ける態度を持つようにする必要があるでしょう。

　ポピュリズムの問題はアメリカやヨーロッパの話、日本にとっての「対岸の火事」ではありません。日本でも、たとえば経済が行き詰まった時に「既得権の上にあぐらをかいた人たちのせいだ」「生産性が低い人たちのせいだ」などと、一部の人間だけが原因であるかのように主張することがよく行われていますが、国家の統合という視点においては、これは対立と分断を生むことを意図的に狙った言論とも言えます。

こういう言論においては「○○党が悪い」といった決めつけが行われがちですが、槍玉に挙げられた当事者の話をきちんと聞いてみると、どんなに悪い場合であっても、当事者には当事者なりの言い分があり、100％の悪者とは思えないということが大半ではないでしょうか。

ポピュリズム的な言論に振り回されないためには、立場の違う人の考えを知るとか、そういう人たちと社会の問題について積極的に話をする機会を見つけて、自分の考えが凝り固まらないよう日頃から努力してみてはいかがでしょうか。

ポピュリズム言論のオピニオンリーダーが唱える説を鵜呑みにすることが、「自分の頭で考える」ということでは決してないはずです。

「自分の考えを持つ」というのは、そうした言論も一度は批判的に吟味してみた上で、参考になる部分を自分なりに咀嚼して取り入れていく過程の先にあるものではないでしょうか。

つまり、ある一人の意見だけを取り入れるのではなく、その意見に批判的な人も含めて、広くいろんな意見に接してみた上でなければ、「自分の考え」とは言えないと思います。一人の意見だけに染まっている間は、単にその人に洗脳されているに過ぎないとも言えるからです。

そうした過程を踏まえたうえで、きちんと確立した「自分の考え」を持っていれば、どんな人がどんな言論を展開しようが、どんな政治家がトップに立とうが、自分の進む道を見失うことはないでしょう。

自分の考えを持ち、かつそれに固執せず、常に他者との対話を通して考えを吟味し続けるという、開かれた態度が大事です。

若者の投票率の低さに象徴されるように、政治への無関心さや諦観が日本では顕著ですが、その風潮こそがポピュリズムの温床になりそうな気がしてなりません……。

Philosoper

ヤン＝ヴェルナー・ミュラー（1970年〜）

ドイツ出身の政治思想史家。米プリンストン大学教授。著書に『試される民主主義』などがある。

お勧めの本

ヤン＝ヴェルナー・ミュラー著『ポピュリズムとは何か』（岩波書店）

「郷に入りては郷に従え」は正しいのか

日本でも外国人労働者の姿が当たり前になりつつあります。

私の職場でも外国人の採用を始めています。イスラム系の従業員が増えたので、社員食堂にハラルメニューを設けたり、いろいろ工夫をしているようです。味も好評のようですが、導入までは「一部の社員のためにそこまでしなくても」という反対意見もあったそうです。移民が増えると、宗教の違いが問題になることを実感しています。

世界では宗教上の対立からテロ事件が起きているそうですが、日本でも起こるのでしょうか。

相談者より

今、世界では移民の増加によって宗教地図が塗り変えられています。たとえば、ヨーロッパではイスラム教の信者が増えています。またアフリカではキリスト教の信者が増えているといいます。

こうした変化は必ずしもポジティブなものばかりではありません。ある宗教が支配的な土地に、移民が別の宗教を持ち込むことで、宗教対立が生じる可能性があるからです。

ヨーロッパやアメリカにおけるイスラム教徒への反発を見れば分かるように、宗教によっては、その教義の実践が、その土地における世俗的生活ルールと衝突する場合があるからです。

ヒジャブ（スカーフ）をまとうことが教義の一部である宗教の信者が、生活ルール上、公的な場ではスカーフを取らねばならない土地で暮らす場合、どうすればよいでしょうか。

異文化をどこまで許容すべきか

そこで参考になるのが、ドイツの哲学者ハーバーマスの公共圏に関する議論です。

彼はこういう場合に、特定の宗教を支持する宗教的市民と、従来から現地に住む世俗的市民が互いに少しずつ妥協しなければならないと主張します。

日本ではよく「郷に入りては郷に従え」と言って、「ここは日本だから何もかも日本流でやるべき」という意見を目にしますが、少なくともハーバーマスの考え方はそれとは異なります。そこが日本かどうか、ではなく、移民ももともとからの市民も、ともに同じ「公共圏」を形成する市民として扱われているわけです。

ちなみに「公共圏」とは、「各個人が他者とかかわりあい社会を形成する制度的な場」といった意味で、ヨーロッパの哲学においてよく使われる用語です。各個人のプライベートな領域である「私圏」あるいは「親密圏」の対義語になります。

ハーバーマスはこの「公共圏」を前提としながら、移民などの理由により、もともとの世俗的な生活ルールとは異なる宗教を信仰する集団を「宗教的市民」と呼び、とりわけ次のような3点を要求しています。

「競合する宗教と道理にかなったかたちでかかわること」
「日常的知識に関する決定を制度としての科学に委ねること」
「人権という道徳律が定める平等主義の前提を宗教的信条と両立させること」
です。

分かりやすく言うと、他の宗教を合理的かつ科学的モノサシをもって理解し、人権にも配慮するということです。

公共圏における対処

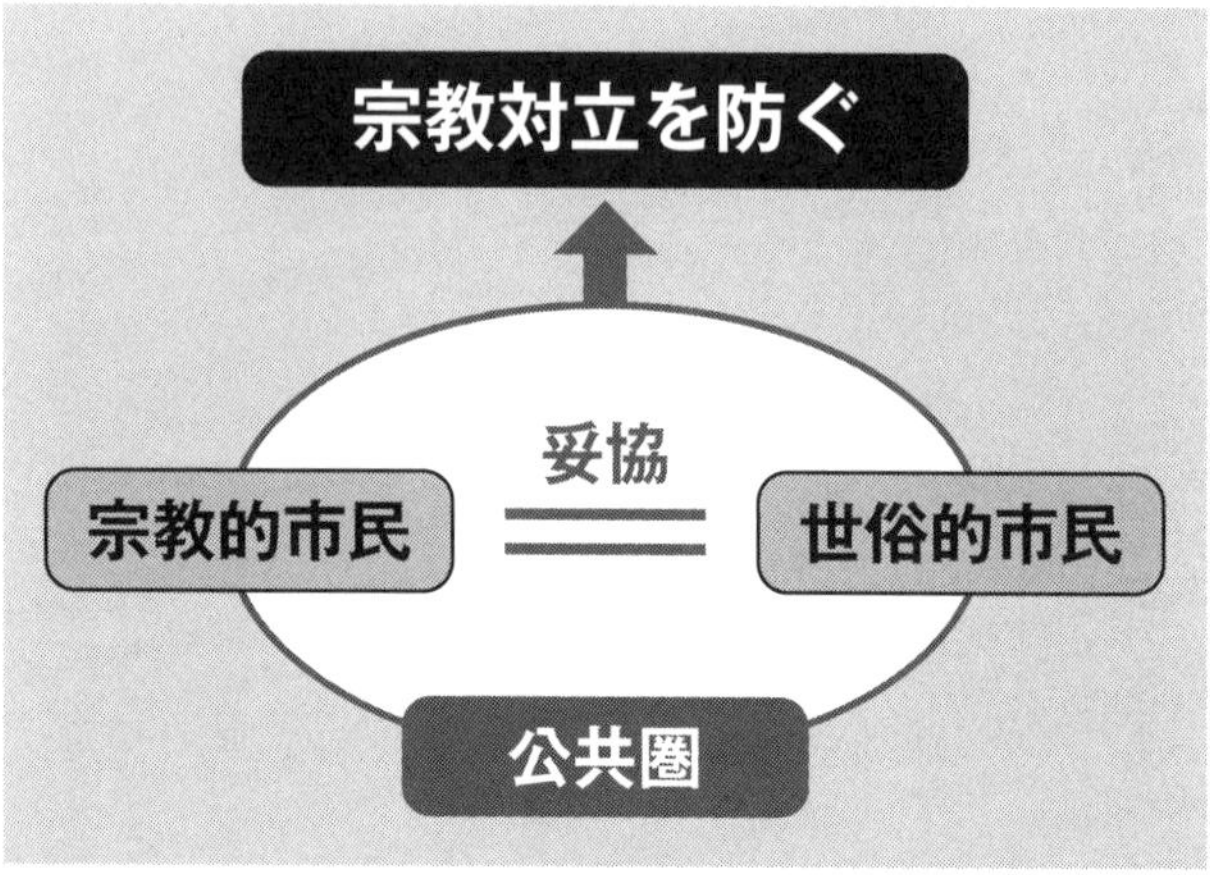

もちろん、こうした要件を満たすことが、特定の宗教の教義に反する場合もあり得ます。科学的に考えてスカーフは取るべきだ、となる可能性もゼロではないので、ハーバーマスによる3つの原則にも反論があります。

ただ、この3原則はあくまで「公共圏」における対処の仕方を述べたものに過ぎない、という点に注意が必要です。

「私圏」すなわち個人の私生活にまでこのルールをもって踏み込むものではない、ということが前提になっているため、「妥協」の余地があるのです。

一方、「世俗的市民」の側にも同様の妥協が求められます。

世俗的市民と宗教的市民のあいだにテロや暴力行為が生じるなど、危険性をはらむ対立が予想される場合は、ルールを厳正に適用して衝突を避けるべきです。しかし、そうした場面以外では、ルールの適用について、お互いに妥協し、寛容になるべきです。

先ほどイスラム教徒のスカーフの例を取り上げましたが、スカーフの着用によって危険が生じるのでなければ、公の場やオフィスなどでもスカーフの着用を認めるべきだと思います。

当事者同士が忌憚《きたん》なく話し合う場を作り、例外的なケースには新たなルールを決めていく必要があります。

日本では宗教の話をタブー視しがちですが、事実上の移民解禁に踏み切った以上、避けては通れない話題でもあります。異なる宗教を持つ人たちとぜひ対話し、一緒に問題解決に乗り出してはいかがでしょうか。

Philosoper

ユルゲン・ハーバーマス（1929年〜）

ドイツの哲学者。近代の理性は、対話的理性の対極にある道具的理性であったと批判し、討議を通じて合意を目指すことの重要性を訴えた。著書に『コミュニケイション的行為の理論』などがある。

お勧めの本

ユルゲン・ハーバーマス他著『公共圏に挑戦する宗教』（岩波書店）

資本主義は「悪の思想」なのか

韓国映画「パラサイト」がアカデミー賞の作品賞などを受賞しました。映画では格差社会がテーマとして扱われていましたが、現実の生活も似たようなものだと思いました。

お金持ちに生まれた人は良い教育を受けてよりお金持ちになっていきます。一方、貧困家庭に生まれれば教育を受けるチャンスが少ないため、収入の低い職に就くことになります。

同じような仕事をしていても、大手企業と下請け、正社員と契約社員、派遣社員の間で収入に大きな差がつきます。

このような世界になった原因はいったい何でしょうか。資本主義を採用している以上仕方がないことなのでしょうか。

相談者より

資本主義は現実の世界にさまざまなひずみをもたらしています。化石燃料の過度な使用による地球温暖化なども話題になっていますが、資本主義に内包された「矛盾」の最たるものといえば、やはり「富の偏在」すなわち格差問題でしょう。

フランスの経済学者であるトマ・ピケティの書いた『21世紀の資本』という本がかつて話題になりましたが、ピケティが証明したのは、「金持ちはますます金持ちになる」という、民主主義を掲げる国々にとっては大変に不都合な法則でした。

他方で、一生懸命働いてお金を稼げば誰もが豊かになれる、というのが資本主義を成長に駆り立ててきた原動力でもありました。

世界においてお金持ちと貧しい人の格差は確実に広がる中、貧しい人に対しては「一生懸命働くことを放棄している」という偏見に満ちた視線が向けられがちでもあります。なんとか資本主義のもたらす諸問題を解決することはできないものでしょうか。

とはいうものの、資本主義に代わるオルタナティブ（代替手段）はまだ見つかっていません。

資本主義を中から変える「加速主義」とは何か

社会主義風の理想を掲げて資本主義に反対している人もいますが、主張が現実的ではないと批判されがちです。

果たして資本主義そのものを変革することは可能なのでしょうか。

現代思想の分野で今話題になっているのが、「加速主義」という思想です。ここ10年ほどの間にインターネット上で台頭した最新の哲学の一つと言っていいでしょう。

加速主義とはテクノロジーを使って資本主義の進化のプロセスを加速し、現状の問題点をあぶり出すことで、世界が陥っている袋小路からの脱出を呼びかける立場のことです。

資本主義に憤りを感じている人はたくさんいるでしょうが、だからといって、かつて共産主義国がたどった運命を見れば分かるように、資本主義の外からその矛盾を解決しようとする試みは、「万策尽きた」とも言える状況です。

そうすると残された選択は、資本主義の内部から問題を解決することしかないのです。加速主義が目指すのはそうした方向にほかなりません。

|加速主義

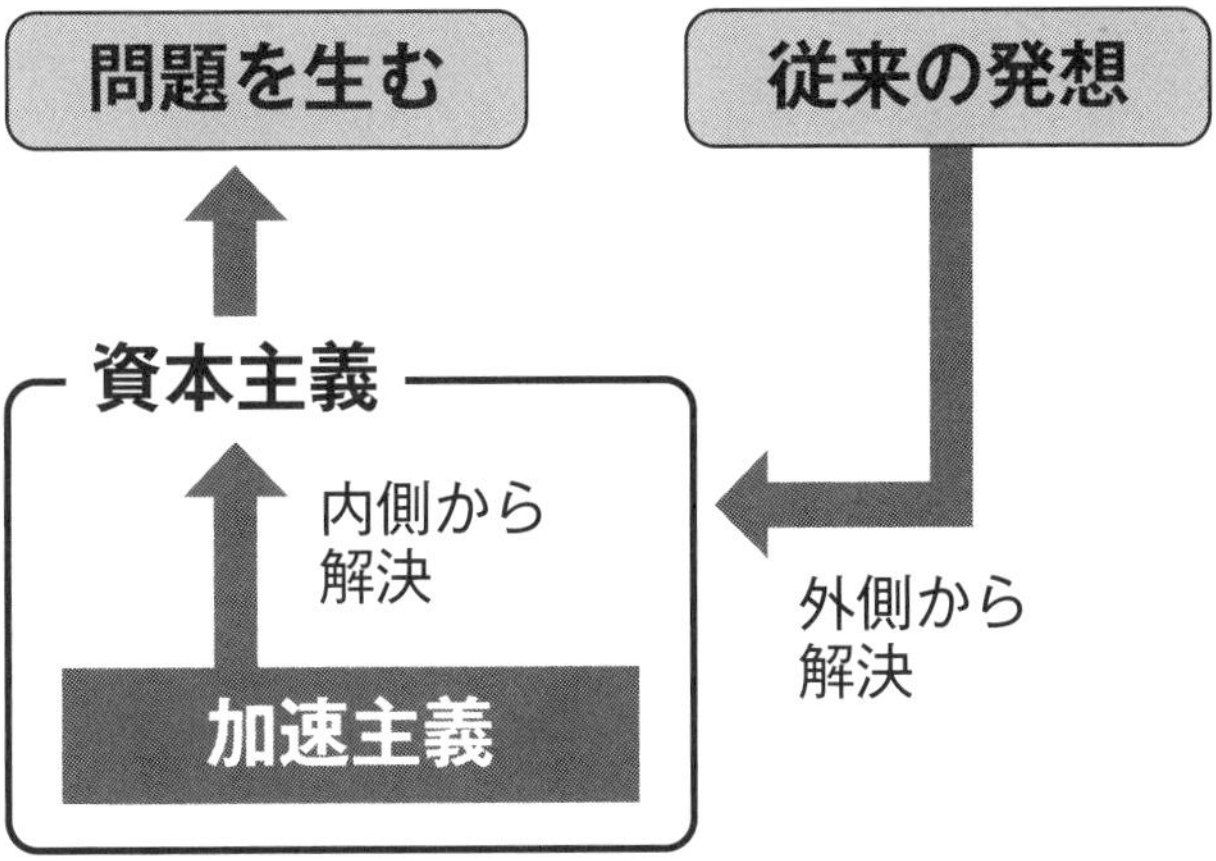

加速主義にもさまざまな立場がありますが、カナダ出身の思想家ニック・スルニチェクらは、2011年にアメリカで起きた「ウォール街を占拠せよ」のような、プラカードを掲げてデモをするアナログ的戦術を痛烈に批判します。

その上で、テクノロジーの視点などから科学的に考えることで、資本主義や経済を発展させるよりほかないと説くのです。そうして未来を積極的に構築していくことを目指すのです。

具体的には、ＡＩ（人工知能）のようなテクノロジーによって労働時間を削減し、その分、人間は自由を得るというように。いわば人間と技術が共存するような「ポスト資本主義」を想定しているわけです。

テクノロジーによって資本主義を加速させ、その問題を克服していくという発想は、むしろビジネス的発想だと言っても過言ではありません。

これが袋小路に陥っている資本主義の問題に対する、現実的な対応の一つであるのは間違いないでしょう。

たしかに資本主義が現時点で格差の拡大という問題を内包していて、映画「パラサイト」のような社会を現実のものとしつつあることは事実です。

そうした社会のあり方を目の当たりにして、資本主義自体に懐疑的になったり、あるいはご自分の仕事がそうした資本主義の悪の側面に加担するように感じてしまったりすることも、よくあることだと思います。

ですが、前述した理由により、資本主義を別の代替案で置き換えることができない以上、内側から変えていくしかありません。そうした「中からの変革」は、その本質上、資本主義を肯定するところから始めなければならないでしょう。

資本主義そのものや、資本主義に直接つながっているご自身のお仕事について、否定的に見るだけではなく、それを通じていかに世の中を良い方向に導いていけるかという発想を持つほうがいいかもしれません。

Philosoper

ニック・スルニチェク（1982年〜）

カナダ出身の哲学者。アレックス・ウィリアムズと共にネット上で発表した『加速派政治宣言』で知られる。著書にアレックス・ウィリアムズと共著の『未来を発明する』（未邦訳）などがある。

お勧めの本

『現代思想』（2019年6月号）「特集　加速主義」（青土社）

アートは役に立つのか

「日本ではアーティストが政治的な発言をすることが問題視されがちな気がします。」

ミュージシャンの政治的なツイートが炎上したり、あいちトリエンナーレの事件以降、政治的なニュアンスのアートには厳しい目が向けられがちです。私は社会派ドキュメンタリー映画が好きでよく見ているので、アートが政治に言及することに違和感がないため、こうした状況が逆に不思議です。どうすればアートのメッセージ性を多くの人に理解してもらえるでしょうか。

相談者より

私も社会派の映画は大好きです。単にニュース報道を見ただけでは印象に残らないテーマでも、アートを通じて接することで、人物や風景などが脳に刻み込まれ、意味を深く考えさせられるものです。ですから、相談者の趣旨には私も同感で、特に日本では、アートの存在意義をもっと重視した方がいいように思います。

この点、ドイツの哲学者ボリス・グロイスは、アート・パワーという概念を提起することで、アートと公共性について議論を展開しています。

彼は、アートは公共空間へ向けられた発言だと言っています。もちろんテレビなどのメディア

アートとメディア

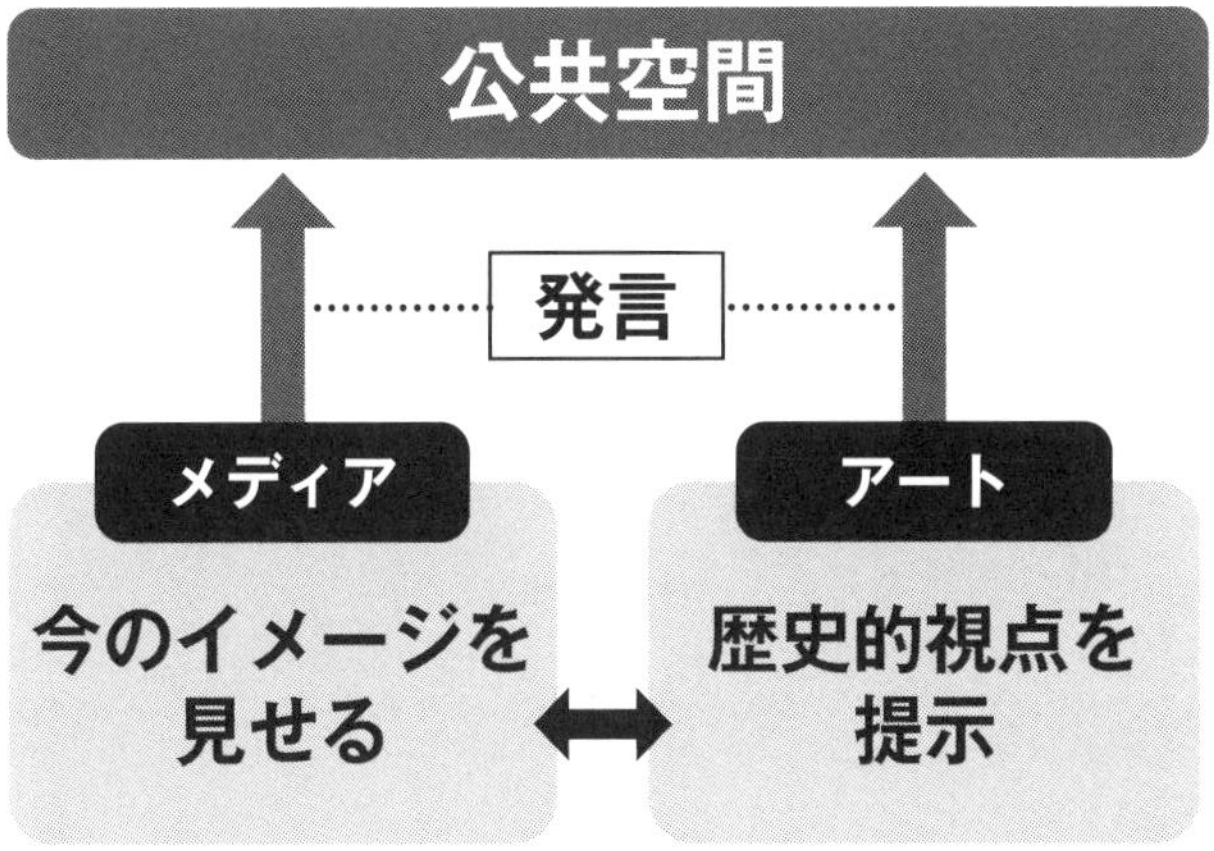

も公共空間へ向けての発言であるわけですが、そこでは、今起きていることに関する現象（イメージ）しか私たちには見せられていない、と彼は主張しています。

アートにしかできない役割

たとえば、テレビのニュースが貧困問題を報じる場合は、貧困層の人々の苦しみを伝えるために、彼らの生活の模様を撮影し、放映することしかしないでしょう。

それを見た視聴者が仮に貧困問題に関心をもち、現状を変えたいと思ったとしても、報道されているのは「貧困ゆえ毎日の生活が苦しい」ことだけですので、資金面で彼らの生活を助けられればそれで問題は解決したと発想しがちです。

こうしたメディアに対して、アートの場合は、今の時代を、歴史的な背景と比較する形で評価できるとグロイスは言っています。

たとえば、人々の酩酊《めいてい》ぶりを描いた、ウィリアム・ホガースの版画『ジン横丁』という作品があります。これは産業革命直後のスラム街を描いた絵で、悪酔いを起こす安酒しか飲めない人々の存在を通して、格差社会に潜む普遍的な問題に気づかせる仕組みになっています。目に見える表面的な問題だけでなく、背後の構造に目を向けさせるというアートの力によって、この作品を見た人は格差問題をもっと根本的な次元からとらえなければならないと自然に思うようになるのです。

少なくとも、テレビが映し出す人たちに金銭的支援をすれば貧困問題は解決する、という単純な発想で終わることはないでしょう。つまり、アートとメディアは異なる機能を持っていて、アートにしかできない問題の表現があるのです。

こうした認識に立てば、もっとアートを重視しようということになるはずです。

日本においてアートを軽視するような風潮があると感じられるのは、アートの持つこのパワーに、国全体のレベルでまだ気づいていないからではないでしょうか。

ぜひ人々がアート・パワーに気がつくように、相談者も協力していただきたいと思います。

ごらんになった映画を社会問題と結びつけて周囲の人々に向かって話すとか、家族と美術館に行って作品の意味について話してみる、といったことを日頃から実践してみてはいかがでしょうか。

Philosoper

ボリス・グロイス（1947年～）

ドイツの哲学者。アートと社会との関係について積極的に論じている。また、キュレーターとしても活躍している。著書に『全体芸術様式スターリン』など。

お勧めの本

ボリス・グロイス著『アート・パワー』（現代企画室）

教養はなぜ必要なのか

仕事をする上でＰＣの知識やプログラミングの技術はたしかに重要です。特に外資系の会社でなくとも、英語をはじめとする語学の能力が仕事に求められる時代でもあります。

ですが、人の一生にはそうした実用的な技能だけでなく、教養も必要ではないでしょうか。

社会的な地位が高くお金も持っているのに、古典の名作ひとつ読んだことがない人、本を読もうにも読めない人があまりに多い気がします。

すぐ切れる人も多く、人格的に稚拙で、リーダーとして頼りないと思ってしまいます。

相談者より

今、日本の大学は職業訓練学校化しています。ビジネススクールのような学部がどんどん創設され、従来の教養教育、いわゆるリベラルアーツ教育が消えつつあるのが現状です。

本来大学とは、仕事に必要な技能だけを学ぶ場ではなかったはずです。社会人として生きていくための基礎的な技能は高校までに身につけるはずですし、逆に、より高度な職業的専門知識や技能は、ＭＢＡ（経営学修士）やロースクールのような、それを目的とした大学院で教えるのが筋だと思います。

職業訓練学校にはない大学の役割

このことを論じているのが、アメリカの哲学者ガリー・ガッティングです。彼は大学におけるリベラルアーツ教育を、「資本主義に束縛されないための対策」と位置づけています。

リベラルとはもともと「自由」を意味する語ですが、リベラルアーツすなわち教養教育とはまさに資本主義から自由になるための教育だ、と彼は言っているわけです。

ガッティングによると、大学が教養教育を通じて自立した自由な人格を養成する機関であることをやめるなら、わざわざ学問研究の専門家を教授に据える意味がないと言います。大学を職業訓練学校と位置づけるなら、職業の専門家が教授になればいいということです。

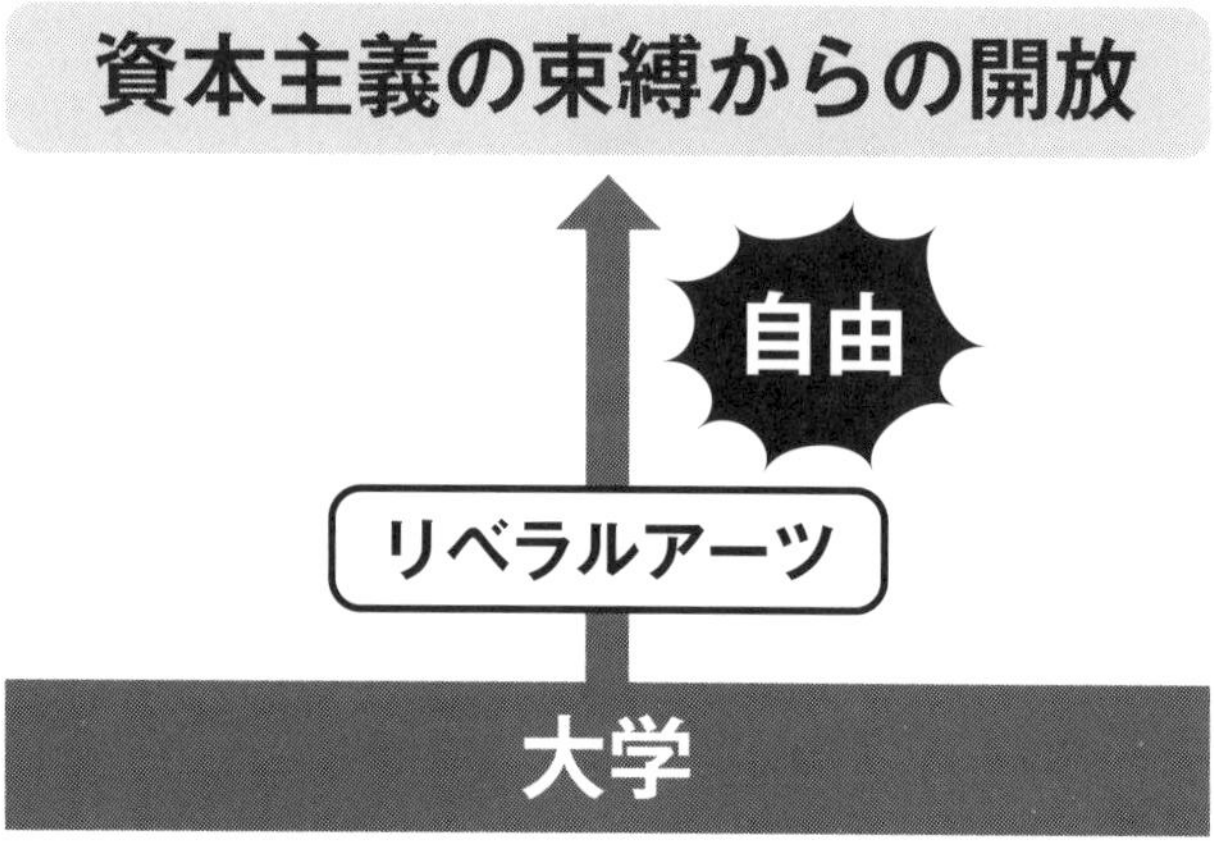

大学はあくまで高度な知性と精神性を備えるため、単なる技術でなく「知識のための知識」を身につける場であって、「手段としての知識」は高校までに身につければよいと彼は言います。

そのために、むしろ高校までの教育のレベルを上げて、大学ではリベラルアーツに専念できるようにすべきだと提案しています。そのようにして初めて、教養ある人材が育つのです。

真の教養とは、思想の探求と創造的な想像力を可能にするための土壌であって、資本主義において人間が「労働を提供する商品」としての価値しか持っていない状況から、人々を自由にする武器なのだ、というのがガッティングの主張です。

資本主義に束縛されていると、人間は目先の利益にばかり固執してしまいます。その時、教養があれば既存の価値観を覆し、与えられたルールを抜本的に変更することが可能になる、というわけです。

大学にいるとよく分かるのですが、学生の就職率といった数字が気になるため、大学人はいろいろな面で企業の顔色をうかがいがちです。日本の大学の現状は、ガッティングが言うような「与えられたルールを覆すような教養ある人材」を育てることができていないようにも思います。

相談者の問題意識は、これまでの大学が教養人の育成に失敗してきたという指摘でもあると思いますので、こういった声をもっと上げていただくことで、大学の教育も変わっていくに違いありません。一方で、企業で新卒学生を採用する際にも、技能だけでなく、ぜひ教養を試すような試験をしていただきたいと思います。

Philosoper

ガリー・ガッティング（1942~2019年）

アメリカの哲学者。ニューヨーク・タイムズの人気コラムニストとしても活躍した。

お勧めの本

ガリー・ガッティング著『いま哲学に何ができるのか？』（ディスカヴァー・トゥエンティワン）。

なぜメディアに騙されるのか

ニュースはインターネットで見ています。新聞やテレビより、ＳＮＳ経由のほうが早いし、マスコミによるバイアスのかかった報道が信用できないと思っています。ただ、インターネットの情報は玉石混交で、嘘の情報も多いのが気になります。

相談者より

最近は世代を問わず、インターネットでニュースを見る人が増えています。特にＳＮＳで流れてくる速報ニュースや、目を引くタイトルの情報には飛びついてしまいがちです。

しかし、そうした情報をどこまで信頼していいのか、心配もあると思います。フェイクニュースやデマ、あるいは偏った意見などが玉石混交の状態となっているからです。今、私たちは多様化するメディアとどう付き合っていけばいいのでしょうか。

この問題を考えるにあたって、やはり、メディア研究の草分けと言うべきカナダの思想家マーシャル・マクルーハンを参照すべきでしょう。

彼の最も有名な言葉は「メディアはメッセージ」というものです。

「ホット」なメディアと「クール」なメディア

これは、それぞれのニュースの内容以前に、メディアの形式自体が、人々の行動を変えうる「メッセージ」として機能し、個々のニュースの内容に影響している、という事実を指摘したものです。

たとえば、代表的なSNSであるTwitterには字数制限がありますが、この制限とTwitter経由で伝えられている情報の内容や質には密接な関係があります。

これは善し悪しを問うような話ではなくて、良くも悪くも、メディアとはそういうものだという指摘です。

私たちはあたかもメディアが「ありのままの真実」を伝えているかのように思っていますが、本当はそうではありません。同じ内容の情報であっても、新聞やテレビ、インターネットなど各メディアごとに形式が違うため、情報の「伝わり方」が異なります。

マクルーハンはそれぞれのメディアについて、「ホット」と「クール」という概念を使って分析しています。

「ホット」は、情報が多く、受け手の参加の度合いが低いメディアです。だから鵜呑みにしてしまいがちです。逆に「クール」のほうは、情報が少なく、受け手の参加の度合いが高いメディアです。だから、想像を膨らませがちです。

具体的には、ラジオはホットだけど、電話はクールだとマクルーハンは言っています。また映画はホットだけど、テレビはクールだとも言っています。

当時インターネットはまだなかったわけですが、情報の多さから言うとホットでしょうか。でも、参加の度合いは双方向のメディアなのでどちらとも言えそうです。今のテレビは情報の多さから言うと、ホットに分類されるように思います。だから、鵜呑みにしてしまいがちなのでしょう。

したがって、それぞれのメディアの特性をよく知ったうえで、出典が明確なもの、発信者の信頻度などを加味しながら、複数のメディアから情報を得て、それを総合し、ホットでもクールでもない「ちょうどいい湯加減」の状態を模索し、自分なりの情報源を確立してみてはいかがでしょうか。

Philosoper

マーシャル・マクルーハン（1911～1980年）

カナダ出身の英文学者、文明批評家。メディア研究で有名。インターネット時代の預言者とも称される。著書に『メディア論』などがある。

お勧めの本

服部桂著『マクルーハンはメッセージ』（イースト・プレス）

「テクノロジーの進化」は良いことなのか

医療の進化は良いことのように思われがちですが、果たしてそうでしょうか。ＡＲ（拡張現実）を投影するためのレンズを眼球に移植するとか、ゲノム（遺伝情報）編集により外見をも編集する技術が開発されていると聞くと、正直ぞっとします。

相談者より

テクノロジーの進化は、必然的に人間の進化をもたらします。超能力への憧れにも通じるのかと思いますが、現実離れした能力を追い求める心は、人間の本質的な性《さが》とも言えます。

これはいわゆる「人間超越主義」あるいは「トランスヒューマニズム」と呼ばれる問題ですが、こうした人間の能力を拡張しようという試み自体を止めるのは、簡単ではないと思います。

したがって問題は、トランスヒューマニズムをどう受け止め、どうコントロールしていくかというところにあると思います。
その点で参考になるのが、スウェーデン出身の哲学者ニック・ボストロムの思想です。

「トランスヒューマニズム」とは何か？

彼は世界トランスヒューマニスト協会を創設し、この議論をけん引している人物です。科学や医療の進化のおかげで、今や人類は身体能力を飛躍的に拡張する可能性を持つようになりました。これについて、ボストロムは基本的に人間の進化はよいことであるとして、この人間拡張の考え方を推し進めています。

彼は、医療の進化を否定する人がいない点を引き合いに出し、自説を展開しています。

現代社会においては、医療の進化は止められることがないため、今後もずっと進化し続けると考えられますが、その延長線上において身体の進化が可能になるというわけです。

私たちが考えなければならないのは、身体の進化にともなって現れる新しい世界とどう対峙するか、という方法の問題にほかならないというわけです。

彼は、誰もがそうした身体進化技術の恩恵にあずかれる状況を作れるか否かが、重要な鍵を握るといいます。国籍や経済的状況にかかわらず、誰もが平等に人間拡張による進化の機会が与えられる必要があるということです。そうでないと、新たな格差や新たな人種対立のようなものが生じかねないからです。

ナチスドイツがその典型ですが、かつて人類は優生思想という名の下に、障害者を差別したり、排除したりしてきました。その意味で、優れた人間を生み出すことは対立の火種となる危険性を秘めているのです。

結局、私たちが危惧すべきなのは、人間同士の平等性という基本的な問題だということです。一見、テクノロジーの世界とは関係ないように思われるかもしれませんが、相談者の懸念の大きなポイントは、医療技術や身体拡張技術の進化そのものというより、その技術の悪影響がないかどうか、ということのように感じます。

そうした悪影響の最たるものとして、一部の人間だけが人間進化の恩恵を受けるようなことがあってはならないでしょう。

その懸念を払拭するためにも、日ごろから身の回りのちょっとした不平等や格差について、敏感になっておくことが大切であるように思います。

ニック・ボストロム（1973年～）

スウェーデンの哲学者。トランスヒューマニズムについてメディアでも頻繁に発言。世界トランスヒューマニスト協会を設立し、会長を務めている。著書に『スーパーインテリジェンス』など。

お勧めの本

ニック・ボストロム著『スーパーインテリジェンス』（日本経済新聞出版）

「世界のリセット」は可能なのか

2021年の世界経済フォーラム（ダボス会議）のテーマは「グレート・リセット」というものだそうです。

新型コロナウイルスのパンデミックを体験した世界は、価値観を根本的にリセット

して新たな時代に立ち向かうべきだ、という意味のようです。価値観をリセットするというと、私みたいな古い世代が槍玉にあげられ、社会から排斥されてしまうような気がしてしまいますが……。

相談者より

もともとグレート・リセットとは、この言葉を編み出したリチャード・フロリダによると、「大不況後の社会回復の機会」という意味だそうです。

リチャード・フロリダはアメリカ出身の社会学者で、都市論で知られる思想家です。

2021年のダボス会議のテーマがグレート・リセットに決まったというニュースを耳にした直前、私自身もフロリダの言葉を頭に浮かべていました。さまざまな企業でビジネス哲学研修を実施していると、常にウィズコロナ時代の社会をどうとらえるべきかに直面せざるを得なかったからです。

私が初めてこの言葉に出合ったのは、2010年に出されたフロリダの本の同名のタイトルでした。

フロリダは過去150年の間に少なくとも3回のグレート・リセットがあったと言っています。

1回目と2回目は大恐慌が起きた1870年代と1930年代です。そして3回目は2008年のリーマン・ショックだったとしています。

3回目のリセット後に本書を発表した彼は、今後の処方箋を提示したのです。

本の中で挙げられた第一の原則は、すべての人間をクリエイティブな存在としてとらえなおすことでした。その点を重視すれば、社会は危機を乗り越え、いい方向にリセットできるということです。

「ニューノーマル」に活躍するのは次世代？

面白いのは、リセット後の次世代を担う人たちのことをフロリダが「ニュー・ノーマル」と呼んでいる点です。

前述の通りフロリダの本が出たのは2010年のことでしたが、くしくもこの「ニュー・ノーマル」という単語は、今私たちがウィズコロナ時代の生き方として使っています。新しい日常、新しい生活様式といった意味です。

フロリダ自身は、この言葉を「可動性と柔軟性を重視して都市生活を送る人々」という意味で使っているわけですが、これまでとは違う新しい価値観のもとに生きていくという点では、今の私たちの状況と同じです。グレート・リセットの後には、新しい価値観に基づいた新しい生活様式が求められるのです。

今私たちは、新型コロナによって4回目となるグレート・リセットの機会を迎えています。社会がこれからどうなっていくのかは分かりませんが、フロリダの言うように私たちが社会や環境に対するアンチテーゼを持ちつつ、新しい価値観を構築できるクリエイティブな存在であることを意識すれば、どんな状況であってもきっと突破口を開けるはずです。

Philosoper

リチャード・フロリダ（1957年〜）

アメリカ出身の社会学者。専門は都市社会学。クリエイティブ・クラスという新たなエリート層が都市に集積し、世の中を主導していくと説く。著書に『クリエイティブ都市論』など。

お勧めの本

リチャード・フロリダ著『グレート・リセット』（早川書房）

スマホは本当に人を幸せにするのか

娘にスマートフォンを使わせるかどうか迷っています。

これからの時代にスマホを使いこなすことは必要不可欠だと思いますし、積極的に情報教育していきたいと思っています。

一方で、娘が何かのトラブルに巻き込まれたり、有害な情報に接したりしないか不安です。有名人がSNSでの誹謗中傷を苦にして自殺したという事件もあったので、多感な時期に罵詈雑言が飛び交う世界を見せたくないという気持ちもあります。

相談者より

テクノロジーは一見すると進歩であるかのように思われがちですが、冷静に見ると、さまざまな問題を引き起こしてもいます。相談者が指摘されているように、SNSにはみんながつながれる良いツールという面と、誹謗中傷が繰り返され集団リンチが繰り広げられる場という怖い面の両方が存在します。

テクノロジーが人を幸せにする、と単純に考えてよいのでしょうか。そこで参考になるのが、早くからテクノロジーの本質に警鐘を鳴らしていた哲学者、ハンス・ヨナスの思想です。

ハンス・ヨナスの思想

彼はテクノロジーの本質が近代以降に大きく変質してしまったと指摘しています。

近代以前は、テクノロジーの目的がはっきりしていました。ある目的を実現するための道具がテクノロジーだったわけですが、それに比べて、近代以降はテクノロジーの目的がなくなってしまったと言っています。

たとえば、近代より前には、くぎを打つという目的のためにハンマーというテクノロジーを開発しました。しかし近代以降は、そうした個別の目的を超え、とにかく改良を求められるままに、本来の目的以外にも多様な機能を備えたテクノロジーが発展していった、と彼は指摘しています。

スマホの多機能ぶりを見ると、もともとはあれが携帯電話だったことを考えれば、彼の指摘の正しさは明らかでしょう。

スマホは、その多様な機能ゆえに多くの不便を解消してくれるテクノロジーですが、それだけにとどまらず、その機能をどんどん進化させ続けています。こうしたテクノロジーにもはや最終の目的などないのです。

しかし、そうなるとテクノロジーはゴールすらなきまま、永遠に発展し続ける、ということになります。

問題は、その発展のプロセスにおいて、往々にして人々を不幸にすることがある点です。目的が分からないまま、やみくもに発展し続けたあげく、気がつけば結果は人間にとってマイナスの結果をもたらしていた、ということもあり得るのです。

こうした事態を避けるためにヨナスは、「未来への責任」が必要だと言います。将来どうなるかを見据えてテクノロジーを開発していれば、テクノロジーの無秩序な発展が悲劇をもたらすことを防げるというわけです。

スマホに関しても、発展を止めるのは難しくても、使い方を制限することはできるはずです。テクノロジーに対し、使う側が未来を意識した態度で接すれば、トラブルはきっと回避できると思います。

Philosoper

ハンス・ヨナス（1903〜1993年）

ドイツ出身の哲学者。ハイデガーの弟子。近代技術が人間に及ぼす影響、及びそれに関する倫理について論じた。著書に『責任という原理』**などがある。**

お勧めの本

戸谷洋志著『ハンス・ヨナスを読む』（堀之内出版）

「どうせ世の中は変わらない」を脱却する

5年間ひきこもっている甥がいます。

本人は「自分に合う仕事があれば就職する」とは言っているようですが、今のところ行動にうつしてはいないようです。

甥との関係に疲れたせいもあるのか、その母親もうつ病になってしまいました。義弟（実妹の夫）は仕事を理由に家族とは距離を置こうとしているようです。自分の子供ではありませんが、甥の家庭環境が心配で仕方がありません。私は伯父にすぎないのですが、何かできることはないでしょうか。　相談者より

甥が長期にわたってひきこもっていて、それも影響してか、母親である妹がうつ病になってしまったとのこと。これはたしかに大変です。長期のひきこもりもうつ病も、すぐ簡単に治るというわけではありませんから、自分に何ができるのか、相談者が悩むのもよく分かります。

しかし人間は事態を打開し、前進させていくことのできる生き物です。その点で参考になるのが、フランスの哲学者サルトルの実存主義でしょう。

サルトルは物と人間を比較し、人間の場合だけ「実存は本質に先立つ」と主張しました。

ここでの実存とは存在のことであり、本質とは運命のようなもののことです。ですから言葉の意味は、「人間の存在は運命に優先する」ということになります。

つまり、私たちの運命は生まれる前に決められているわけではなく、努力次第でいくらでも切り開いていけるのが人間という存在なのです。

人間の「行動力」の持つ巨大な力

それに対して、「物」の場合は、あらかじめ運命が決められています。物が勝手に何かに変わったり、物が自分から動いて社会を変える、ということはありません。人間だけが自分自身を変え、社会を変えていく力をもっているのです。

サルトルは「アンガージュマンせよ」と訴えました。

アンガージュマンとは、「積極的にかかわる」という意味のフランス語、哲学用語です。

その主張通り、サルトルも積極的に政治運動へ身を投じ、社会を変えようとしました。ですが、第二次大戦やフランスによるアフリカでの植民地支配の現実など、サルトル一人の力ではどうすることもできない「大きな壁」にぶつかってしまいます。

しかしサルトルは諦めずにデモを行い、戦争では問題は解決しないことや、植民地支配の理不尽さを訴え続けたのです。

問題解決のためにこうした積極的な活動を起こせるというのは、素晴らしいことだと思います。

実存主義

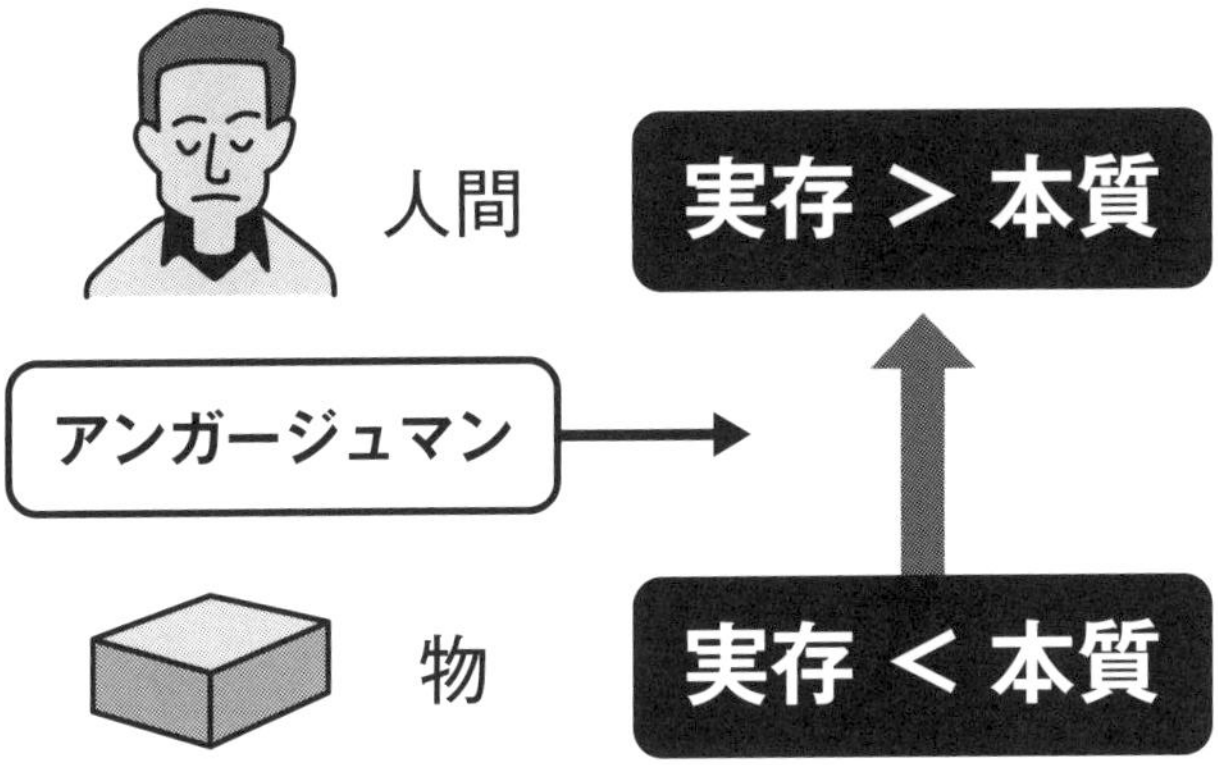

そして、人間にはそうしたことが可能なのだと、サルトルは言葉で主張するだけでなく、自らの行動をもって示しました。

相談者も大変難しい状況ではありますが、何もできないわけではないと思いますので、やはりできることから行動してみてはいかがでしょうか。

たとえば、甥とコミュニケーションを図り、彼に他者と交流する機会をつくってあげるとか、気軽にできそうな簡単な仕事を甥のために探してあげるとか、そうしたことなら無理なくかかわっていけるような気がします。

そんな自分の行動を常に妹さんにも伝えるようにすれば、精神的にも心強く感じ、うつの状態の改善も期待できるのではないでしょうか。

急に大きな変化が訪れることはないかもしれませ

んが、逆に、こうしたアンガージュマンを続けていくことでしか解決できない問題もあると思います。

Philosoper

ジャン・ポール・サルトル（1905〜80年）

フランスの哲学者・作家。実存主義に基づき、積極的に社会にかかわるべきと主張。ノーベル文学賞にも選ばれるが、権威を嫌い辞退する。著書に『存在と無』『嘔吐』などがある。

お勧めの本

サルトル著『実存主義とは何か』（人文書院）

資本主義は限界を迎えている？

新型コロナウイルスの感染拡大に歯止めがかかりません。落ち着いたと思うと第2波、第3波がやってくるということの繰り返しです。より感染力の高い変異種の登場も伝えられています。

こうした中でも「コロナ対策の強化」を訴える人と、「経済対策」を訴える人の間で激しい議論が交わされていて、人類の危機に一致団結して立ち向かうという雰囲気でないのが心配です。

相談者より

欧米ではワクチンの接種が始まっていますが、接種を受けたのはごく一部にすぎませんし、そもそもワクチンによって人類がコロナとの闘いに勝利できるかどうかも確定的ではありません。

世界が混乱に陥るきっかけとなったのは新型コロナウイルスの発生に違いありませんが、コロナが蔓延する前から、世界はバランスを欠いていたようにも思われてなりません。

首尾良く「コロナ後」となったとしても、コロナの前から存在している問題が解決されないのであれば、コロナによって世界のあり方を疑いはじめた人々は、まったく異なる世界のシステムを待望するかもしれません。

世界は「グローバル競争」を前提とした「資本主義システム」によって運営されていますが、今後もこのシステムを維持しようにも、格差の拡大がそれを許さないかもしれません。

それを考えると、「再発明されたコミュニズム（共産主義）」を訴えてきたスラヴォイ・ジジェクの思想に、耳を傾けるべき時が来たのかもしれません。

ジジェクはスロベニアの哲学者で、ハリウッド映画などを題材に現代思想を斬る「ポップな思想家」という一面を持つ一方、古くからある「共産主義」の刷新を訴えてもいるユニークな思想家です。

「人類共通の敵」とどう闘えばいいのか

コロナという「人類共通の敵」と対峙する世界に今求められているのは、トランプ氏の「アメリカファースト」に象徴されるような身勝手なナショナリズムではなく、国際的な連携であるはずです。

医療機器の不足を補う体制やワクチン開発のための情報の共有がどの国にとっても最優先課題であるはずで、そうである以上は資本主義的競争の精神はひとまずおいておくべきです。

これがまさにジジェクが唱える広い意味でのコミュニズムなのです。格差のもたらすさまざまな弊害が露呈し、ベーシックインカムの導入が取り沙汰されているのが世界の現状ですが、コロナに立ち向かう前に互いに敵対しているようでは、現在の難局を乗り切れないと思います。

資本主義が必然的にもたらす「対立」を乗り越える方法として、コミュニズムが必要だという発想も、必ずしも非現実的ではないと思います。

少なくとも私たちはこれまでの経済体制を自明のものとして思考停止に陥ることなく、大胆な社会変革を議論すべき状況に直面しているような気がしてなりません。

こういう大きな問題は、一見個人がどうすることもできないようにも思えますが、決してそうではありません。

今一人ひとりがやるべきことは、自分の持てる富や情報をできるだけ社会のために役立てることであって、「どうやって自分のお金を増やすか」「いかにして他人を蹴落とすか」ではありません。

まずは世界がこのような状況であるにもかかわらず「ひとり勝ち」をもくろむような者に向かって、批判の声を上げることから始めてみてはいかがでしょう。

Philosoper

スラヴォイ・ジジェク（1949年〜）

スロベニア出身の思想家。映画などのポピュラーカルチャーと、高度な哲学を融合させて発言。著書に『イデオロギーの崇高な対象』『ポストモダンの共産主義』などがある。

お勧めの本

スラヴォイ・ジジェク著『パンデミック』（ele-king books）

「好きでゲイになる」はおかしい？

メディアで取り上げられることが増えたせいか、ＬＧＢＴへの理解が浸透している気がします。私の会社でも採用時に性別を聞かないといった対応マニュアルがつくられました。

ただ個人的には、まるでＬＧＢＴであることを推奨しているような雰囲気だと感じてしまって、ちょっと違和感があります。

性別は伝統的なもので、社会の規範です。個人の好みで自由に選択できるかのように言うのは、ちょっとおかしいのではないでしょうか。

相談者より

性的少数者の権利を保護する動きは、日本でも本格化しつつありますね。同性婚制度の整備などはまだまだ先になりそうですが、人々の間で、例えばゲイであることがタブー視されるような風潮は、なくなってきているように思います。

本人の性的指向や心と体の性別の不一致は、自分ではどうしようもない生まれつきのものだから、それによって差別されるのはおかしいと考える人が増えてきていると思います。

誕生日や血液型と同じく、生まれついての性別を選ぶことはできませんが、同様に自分がどういう「性」なのかという「性認識」についても、生まれつきの障害があるということが広く認識されるようになっています。

ただ、中にはそういう性認識、つまり「セクシャリティ」を自分の好みにあわせて選ぼうとする人もいると思います。

そのセクシャリティが伝統的な「男性」「女性」と相容れないものであった場合、それは必ずしも「生まれついての性認識の障害」ではなく、広い意味での「個人の好み」ともいえるわけです。その場合、論理的に考えれば彼らを「性的マイノリティ」として扱い、その権利を保護する必要があるかどうかが問題になってくるように思えます。

セクシャリティは自由に選んでよい？

参考になるのは、イギリスの倫理学者ブライアン・D・アープの思想です。

セクシャリティとはアイデンティティなので、自分で選んでもよい、と彼は言います。しかも性という本来は複雑なものを、分かりやすく男とか女とかゲイとか、タグ（札）のようにしているだけだというのが彼の考えです。だとすると、セクシャリティを選ぶこと自体に深い意味はなく、どのタグを選ぶのも自分次第ということになります。

どのセクシャリティを選択するかによって差別を受ける可能性も出てきますが、本来、セクシャリティの選択と差別が許容されるかどうかは別の問題であると彼は指摘しています。

つまり、特定のセクシャリティを選んだどうかにかかわらず、差別は許されないわけです。

そもそも法によって人々の権利は保護されていますが、セクシャリティによって権利が保護されたりされなかったりしたら、それは平等な法とはいえないことになります。

相談者も、セクシャリティとは社会が決めている分類にすぎないと思ってみてはどうでしょう。一旦そんなふうに考えてトラブルを避けつつ、議論を尽くしていくことで、現在の違和感に対する答えを見つけられればよいのではないでしょうか。

Philosoper

ブライアン・D・アープ

オックスフォード大学やエール大学を拠点に活躍する気鋭の倫理学者。認知科学からセクシャリティまで分野横断的に研究を展開している。

お勧めの本

『Philosophers Take on the World』(edited by David Edmonds　未邦訳)

「お金持ちだけ良い教育」の何がおかしいのか

コロナ自粛で残業代が減り、小学生の子供2人の塾代や英会話費用が捻出できなくなりました。日本の教育費がいかに高いか痛感しました。いい大学に入るにはいい高校、中学に入る必要があるので、どうしても塾に通わざるを得ないのですが、お金持ちでなければいい学校には行けない社会が生まれていると思います。正しいあり方とは思えないのですが。

相談者より

私も、いや、多くの親たちが同じ悩みを抱えていると言っていいでしょう。一部のお金持ちを除いては。

今、日本では塾に行くのが当たり前ですし、英会話を習っている子供たちもたくさんいます。なぜでしょうか？　それは学校の教育だけでは不十分だからです。

しかし教育を民間の塾に依存していると、親の収入次第で受けられる教育が決まってしまいますので、それによって人生の選択肢も減ってしまうでしょう。この状況が正しいのかどうか、そしてどうすれば正しい世の中になるのか、ロールズの「正義論」に照らして考えてみたいと思います。

競争は「機会均等」でなければならない

アメリカの政治哲学者ロールズは、正義の二原理を提起することで、正義とその基礎としての「公正」について世に問いました。

まず第1原理として、政治的な自由や言論の自由など人権面の基本的な自由については、皆平等でなければ正義は実現できないと彼は言います。これは「平等な自由の原理」と呼ばれています。

次に第2原理ですが、これはさらに2つに分かれています。

ひとつ目は「格差原理」です。不平等の解消は、最も不遇な人が便益を受けるようになされなければならないというものです。

2つ目は「機会の公正な均等原理」です。そもそも就いている職業などにかかわらず、誰もが機会均等に競争できる前提がなければいけないのです。


ここで明らかなように、教育費については職業によって年収なども違うので機会均等に競争できる状況にないのが現実で、今生じている不平等はロールズによれば正義とは言えないのです。

逆に言うと、その点を改善することで初めて、正義を実現することが可能になるわけです。

結局、社会の仕組みを変えることでしか、この悩みは解消しませんが、でも、公教育にもっと予算を使うよう大勢が一丸となって署名活動をするなど、何らかの声を上げ行動に移すことはできるはずです。

実は、ロールズはアメリカの「公民権運動」に影響を受けて正義論を唱えました。

その公民権運動のきっかけを作ったのは、バスの運転手の命令に従わず、白人に席を譲らなかった黒人女性ローザ・パークスの勇気ある行動だったのです。

Philosoper

ジョン・ロールズ（1921～2002年）

アメリカの政治哲学者。公正としての正義を本格的に論じることで政治哲学の復権に貢献した。著書に『正義論』などがある。

お勧めの本

仲正昌樹著『いまこそロールズに学べ』（春秋社）

おわりに

ポストコロナ時代の武器として

〈著者紹介〉
小川仁志（おがわ・ひとし）
1970年、京都府生まれ。哲学者・山口大学国際総合科学部教授。京都大学法学部卒、名古屋市立大学大学院博士後期課程修了。博士（人間文化）。商社マン（伊藤忠商事）、フリーター、公務員（名古屋市役所）を経た異色の経歴。徳山工業高等専門学校准教授、米プリンストン大学客員研究員等を経て現職。大学で課題解決のための新しい教育に取り組む傍ら、「哲学カフェ」を主宰するなど、市民のための哲学を実践している。また、テレビをはじめ各種メディアにて哲学の普及にも努めている。NHK・Eテレ「世界の哲学者に人生相談」では指南役を務めた。最近はビジネス向けの哲学研修も多く手がけている。専門は公共哲学。著書も多く、ベストセラーとなった『７日間で突然頭がよくなる本』や『ジブリアニメで哲学する』、『孤独を生き抜く哲学』をはじめ、これまでに１００冊以上を出版している。YouTube「小川仁志の哲学チャンネル」でも発信中。

結果《けっか》を出《だ》したい人《ひと》は哲学《てつがく》を学《まな》びなさい
ビジネスが180度変《どか》わる問題解決《もんだいかいけつ》の授業《じゅぎょう》

印　刷　2021年2月20日
発　行　2021年3月5日

著　者　小川仁志《おがわひとし》

発行人　小島明日奈
発行所　毎日新聞出版
〒102-0074
東京都千代田区九段南1-6-17 千代田会館5階
営業本部：03（6265）6941
図書第二編集部：03（6265）6746

印刷・製本　中央製版印刷

ISBN978-4-620-32672-6